“2014 年崇左市经济社会发展课题”成员名单

组长 盘和林

组员 陈睿峰、肖家兴、刘成林、曹　勇、
郭　洲、金建康

地方旅游产业发展研究

以广西崇左市为例

DIFANG LUYOU CHANYE FAZHAN YANJIU
YI GUAGNXI CHONGZUOSHI WEILI

盘和林 等著

暨南大學出版社
JINAN UNIVERSITY PRESS

中国·广州

本书得到“2014 年崇左市经济社会发展课题”资助，并得到崇左市委宣传部、市社科联、市旅游发展委员会、市城市工业区管委会领导的大力支持，特此鸣谢

自 序

2013年博士毕业，履历丰富、人缘不错的我，其实可以有很多选择。大城市物质丰富、人才云集、生活丰富多彩，是大多数人的首选。比如北京，虽有千万人聚集在此，但仍然有人接踵而来；而上海、广州、深圳等，都是充满机会与诱惑的地方。最终，我选择了广西，来到了崇左。相比北上广，崇左无法望其项背，是大家眼中“老少边穷”的地方。那崇左究竟有哪些地方吸引了我？

一

2013年10月，我第一次来到崇左，她秀丽的容颜便给我留下了深刻的印象。她宛如一名令我一见钟情的女子，吸引我最终于2014年1月来此正式报到上班。

初次从南宁吴圩国际机场乘车前往崇左，从车上望出去，高速公路两边都是一片片绿油油的甘蔗林，每一座山都是那么翠绿，崇左的山是典型的喀斯特地貌，拔地而起，给人的感觉是秀气又别具风情，以至于路都被自然风光所渲染。

城市也给人留下深刻的印象，建筑与周围的自然景观相互映衬，城市和自然是如此亲近，使人如痴如醉。有这么一句话“早知有崇左，何必去桂林”，我想此言不差。崇左从此深深吸引了我——崇左有的，北上广没有！自然风光没有被过度开发，保持着原生态，这就是独具魅力的崇左。

二

如果你在崇左待上一段时间之后，就会深深感到，在这里生活、工作是多么自豪，试问全国还有几个地方能如仙境般？生活在仙境中的崇左人，满眼都是幸福。

崇左还有独有的城市“精灵”，在弄官白头叶猴生态公园中，群峰碧绿，环境非常幽雅，这是我所看到的自然资源保存得最完整的地区之一。白头叶猴，世界的精灵，是比大熊猫还珍贵、稀有的动物，全世界仅有1 000只左右。世界之大，它们唯独选择崇左，为何？动物单纯，只选择能让自己生存得好的地方，瀑布、河流、森林、空气、土壤，所有的一切都是它们选择的理由，它们在这里守候着最后的家园。

后来我又陆续知道了许多崇左的名胜，著名大瀑布——德天跨国瀑布气势恢弘；闻名中外的宁明左江花山岩画神秘诱人，已成为中国2016年申报世界文化遗产的唯一项目；韵味无穷的左江石景林景区，展现着喀斯特地貌的魅力；以及景致幽美的左江，独具匠心的斜塔，中国九大名关中唯一的边关——凭祥友谊关……崇左市龙州县还是邓小平两江起义红八军指挥部所在地。

三

“美人才调信纵横……非将此骨媚公卿。”吾爱崇左，不仅爱她秀美的容颜和恬静贤淑的性格，更爱她处处散发着的独特的人文之美！

左江花山岩画是世界同类岩画中单位面积最大、画面最集中、内容最丰富、保存最完好的一处岩画，被誉为中国稻作文化的最显著标志和世界岩画的极品，更是壮族先民骆越文化遗产中的瑰宝。左江流域壮族人民自古能歌善舞，山歌种类达十几种，曲调悠扬动听。民间舞蹈分为自我娱乐性舞蹈、祭祀性舞蹈和广场性舞蹈；独特的民间舞蹈有春牛舞、麒麟舞、凤鸡舞、师（道）公舞、采茶舞，丰富多彩的民俗文化散发着浓郁的民族风情和多姿多彩的生活情趣。左江流域是中国棉纺织技术的发源地之一，壮锦在明代就是皇家贡品。天琴是壮族三大乐器中最古老的乐器，蕴含着壮族先民骆越部族丰富的宗教文化内涵。崇左与越南接壤，与越南、老挝、泰国、缅甸等国家的部分民族有亲密来往的历史渊源，长期交往中沉淀了鲜明突出的跨境民俗文化、边塞文化、边贸文化、边婚文化，形成了颇具特色的民族性与跨国性相互融合的文化特征。

崇左恬静温柔的山水还散发着刚烈之美，左江流域的人民具有光荣的革命传统，古老的土地见证了反侵略、反封建、反压迫的历史。1885 年，清代名将冯子材在这里奋起抵抗法国侵略者，镇南关大捷闻名中外；1907 年，革命先行者孙中山在这里亲自打响反清第一炮；1930 年，伟大的无产阶级革命家邓小平在这里组织和领导了震惊中外的龙州起义，建立了中国工农红军第八军和左江革命根据地；抗美援越、对越自卫反击战……崇左各族人民为中国革命和保家卫国作出了重大的贡献与牺牲。

四

而今，我满怀激情与梦想踏上了崇左这片散发着独特魅力的热土，我想用汗水，为这座有“中国糖都”之美誉的甜蜜城市更美好的未来略尽绵薄之力。

弹指一挥间，我已经在崇左工作快两年了，但“且不说豪言壮语，起码对得起自己，也要认真做一点事情”的誓言清晰犹如昨日。

我立足本职工作，兢兢业业。一年多来，在招商引资上尽力发挥好“一颗螺丝钉”的作用，作为主要成员之一全程参与了龙赞产业园、中盟（崇左）生物科技产业园等重大项目的招商引资工作；执笔撰写的承接产业转移的调研报告获得市委主要领导的批示，目前已进入实施阶段，将对崇左经济发展产生较大助力。我撰写的《"驻村蹲点"带来新作风》《机关"大厅"变身群众"客厅"》《对百姓办事不再苦等叫好》等报道崇左的政府工作经验的文章相继在《人民日报》《光明日报》《经济日报》《中国纪检监察报》等中央媒体刊发，在全国范围内产生了较大影响，为崇左赢得了赞誉。

当然，《地方旅游产业发展研究——以广西崇左市为例》这本书也是我用心献给美丽崇左的一份礼物。旅游产业是崇左五大支柱产业之一[①]，地位举足轻重。"众人拾柴火焰高"，数月的劳心劳力也算是为崇左旅游产业发展添加了一把小柴火。

崇左于我而言，仿若一名温婉柔情、恬静贤淑却又不失坚毅的女子，就像歌里唱的"只是因为在人群中多看了你一眼，再也没能忘掉你容颜"，坦率地说，无论用何种理性或非理性的分析，我都无法相信自己会选择到崇左工作，最终只能归结为"宁愿相信我们前世有约"。

盘和林

2015 年 12 月于广西崇左市

---

① 崇左市最新规定将贸易列为支柱产业之一，与此前的"糖、矿、红（红木）、绿（旅游等生态产业）"并称"五大支柱产业"。

目　录

1 引　言

旅游产业是国民社会经济中的幸福产业。概括地讲，其幸福的原因有四个方面：第一在于经济贡献，作为区域经济发展的重要组成部分，旅游产业在国家外汇收入、居民收入、政府税收、产业发展等方面均有重要贡献；第二在于精神满足，旅游是人们放松心情、体验异域风情的重要途径；第三在于基础建设，旅游产业发展带来的基础设施的完善与提升，是城市与乡村建设中的重要组成部分；第四在于魅力提升，景观的打造、环境的改善是旅游产业发展的前提与基础，对于改善地方居住环境与地方形象有着重要的作用。

旅游产业被誉为“无烟产业”，各级政府无一不把旅游产业作为一个重要的战略性产业来发展。国内关于大城市旅游产业的研究相当丰富，但关于县级市、地级市的旅游产业研究比较少，本书以广西崇左市为例，以期为崇左市旅游产业发展提供理论支撑与实践参考。同时，也为国内众多的县级市、地级市城市在发展旅游产业方面提供决策参考及借鉴。

1.1 背景与意义

1.1.1 研究背景

我国旅游产业蒸蒸日上，旅游产业规模再上新层次。原国家旅游局局长邵琪伟指出：改革开放30多年来，我国旅游产业取得了飞跃式的发展，取得了可喜的成绩。2009年，在市场规模方面，我国已成为继法国、美国、西班牙之后的第四大入境旅游接待国，是亚洲最大的出境旅游客源国。2014年，我国旅游市场实现平稳增长，旅游产业总收入33 800亿元，同比增长14.7%，其中入境游客达12 800万人次，国际旅游外汇收入5 691亿美元，外国人入境旅游市场出现回暖。据国家旅游局统计，2015年第一季度，我国实现旅游总收入11 200亿元，同比增长14.7%。在旅游产业发展基数如此大的当下，仍然能保持15%左右的增长率，这表明我国旅游产业发展势头迅猛，已进入高速增长的新常态，发展前景良好。

我国经济社会发展进入新常态，国民休闲旅游需求不断攀升。近年来，我国仍处于发展的重要战略机遇期，社会经济发展将继续保持在一个稳定的新状态。这主要体现在我国GDP增速从2012年开始放缓，2012年、2013年和2014年的GDP增速分别为7.65%、7.67%、7.40%，这代表着经济发展阶段的根本性转换，我国告别过去30多年平均10%的高速增长，中速增长将是今后经济发展的主旋律。在此和谐稳定的大背景下，我国国民出游意愿持续高涨。2014年，国内旅游者人数达36.11亿人次，同比增长10.67%，出境旅游首次突破1亿人次大关，达1.07亿人次，同比增长19.49%，增幅较大。从2015年第一季度的统计数据来看，国内旅游者人数达12.2亿人次，同比增长10.4%，增速依然强劲，表明我国国民的出游意愿强烈且增长趋势明显，未来我国的旅游产业市场需求旺盛，旅游发展潜力巨大。

各级政府的大力支持，使得旅游产业迎来前所未有的政策鼓励。政府的扶持与重视是产业发展的重要推动力量之一，旅游产业发展亦是如此。近年来，国家及地方等相关部门纷纷出台促进旅游产业发展的相关政策与法规，这成为旅游产业发展的重要动力与保障。2009年12月，国务院出台《关于加快发展旅游业的意见》，明确提出将旅游产业打造为国民经济的战略性支柱产业和人民群众更加满意的现代服务业，确定了我国旅游产业的战略地位与发展方向。2012 年 2 月，中国人民银行、国家发展改革委员会、旅游局、银监会、证监会、保监会、外汇局共七个部门，联合发布了《关于金融支持旅游业加快发展的若干意见》，旨在为旅游产业的发展提供良好的外部经济保障，进而改善旅游产业的发展环境，推动旅游产业与金融业之间的协同发展。2013 年 2 月，国务院发布了《国民旅游休闲纲要》，明确了国民旅游休闲产业发展的目标、任务及措施，包括职工带薪休闲制度的落实、旅游休闲产业体系的建成等，旅游产业相关部门与企业的热情以及国民的旅游需求和消费能力将在“十三五”期间得到空前激发。2013 年 4 月，政府审议通过了《中华人民共和国旅游法》，标志着我国的旅游产业将全面进入有法可依、依法治旅的新时代。2014 年 8 月，国务院发布的《关于促进旅游业改革发展的若干意见》中，提出进一步促进旅游产业改革发展的各项要求，明确指出了旅游产业发展的各项指导性措施，为全国及地方旅游产业发展指明了方向。2014 年 8 月，广西壮族自治区党委书记彭清华在崇左市调研时要求崇左市做好旅游发展大文章，提出“发现山水崇左，圆梦别样桂林”的发展战略，并将其进一步上升到战略层面，这表现了崇左市旅游在广西壮族自治区的重要地位以及自治区党委政府对崇左市旅游发展的重视。2015 年 7 月，广西壮族自治区旅游依法行政工作会议讨论贯彻落实《自治区旅游发展委员会关于全面推进依法兴旅、依法治旅的实施意见》，这为《中华人民共和国旅游法》在广西的实施提供了强有力的保障。

崇左市成功申请世界文化遗产在望，为全市旅游产业的快速发展迎来新契机。世界遗产是人类与自然的瑰宝，也是世界顶级的旅游资源，其对旅游产业发展的促进作用毋庸置疑。2015 年 7 月 4 日，在德国波恩召开的第三十九届世界遗产大会上，包括湖南永顺土司城遗址、贵州播州海龙屯遗址、湖北唐崖土司城遗址在内的“中国土司遗产”

被成功列入《世界遗产名录》。最新数据显示，我国已编入《世界遗产名录》的世界遗产数量共有48项，其中自然遗产共10项，文化遗产共34项，自然与文化遗产共4项，在数量上位居世界第二位，第一名为意大利（共50项）。在这波世界遗产申请热的带动下，我国申遗成绩显著，带来国内旅游产业发展高潮。左江花山岩画已被选为中国2016年申报世界文化遗产的唯一项目，有望填补中国岩画类世界遗产的空白，崇左市世界文化遗产亦将实现突破。世界文化遗产的申请成功带来的不仅是保护文化遗产的资金，还有“千金不换”的旅游品牌与知名度，此外还能带动其他旅游资源与设施建设，可谓意义重大。国内相关实践和研究表明，世界文化遗产申报成功后，申报地的旅游者数量将至少增长一倍，如果经营得当，将更加显著地推动申报地旅游产业的快速发展。届时，崇左市旅游产业将焕发新的生机，全市旅游产业发展将迎来前所未有的重大机遇。

1.1.2 研究意义

本书的研究意义主要体现在理论与实践两个方面。

在理论意义方面：崇左市是典型的边关城市，地处中国西南边疆，是广西陆路边境线最长的地级市，其中西部与西南部的宁明、龙州、大新、凭祥四县市与越南接壤，边境线长533公里；生态环境优良、气候宜人。崇左市原为南宁地区公署的一部分，于2003年8月6日正式挂牌建立，是典型的年轻城市，经过十余年的发展建设，基础设施基本完善，各项建设处于腾飞前期，社会经济发展空间巨大。崇左市是以壮族为主体的多民族聚居地，居住着壮族、汉族、瑶族、苗族、仫佬族、水族等各族人民，少数民族人口达200.87万，其中壮族人口最多，约占总人口的88.5%。崇左市旅游产业发展研究，以其社会经济发展状况为背景，探讨旅游发展的最优路径，这有利于丰富县级市、地级市旅游发展研究的理论基础，具有较大的理论意义。

在实践意义方面：本书旨在为崇左市旅游发展实践提供智力服务，从摸清崇左市旅游发展现状入手，把脉其发展中存在的问题，并提出针对性的解决途径，进而借鉴其他优秀城市发展旅游的成功经验，同时结合崇左市社会经济发展特征，进一步指明未来发展方向与战略部署，以期为崇左市旅游产业发展提供理论支撑与实践参考，具有较大的现实意义。

此外，国内关于大城市旅游产业的研究已经相当丰富，但有关县级市、地级市的旅游产业发展研究甚少，本书的研究也将为国内众多的三四线城市在发展旅游产业时提供实践指导和参考借鉴。

1.2 内容与思路

1.2.1 研究内容

本书主要包括六个方面的内容：第一，梳理与旅游产业相关的理论以及国内外研究综述，以期为本书提供理论依据。第二，对云南省丽江市、西藏自治区林芝市、印度尼西亚巴厘岛以及泰国国内外城市旅游产业发展的成功经验进行分析与总结，以期为崇左市和其他三四线城市在发展旅游产业时提供有益的借鉴。第三，回顾崇左市旅游发展历程，并总结发展的经验；分析崇左市旅游产业发展的基础背景，包括自然、经济、社会文化、交通、政策五个方面。第四，分析、评价崇左市的旅游资源；审视崇左市旅游产业发展态势，包括优势、劣势、机遇和威胁四个方面；制定崇左市旅游产业发展战略。第五，提出崇左市旅游产业发展的对策及建议。

1.2.2 研究思路

本书以“发现问题—分析问题—解决问题”为主线，首先从回顾崇左市旅游产业发展历程着手，探寻崇左市旅游产业发展过程中存在的问题。其次列举其他城市旅游产业发展的成功经验。再次通过分析崇左市旅游产业发展的基础背景以及审视其宏观态势两个方面，找出崇左市旅游产业发展面临的问题。最后制定崇左市旅游产业发展战略，提出旅游产业发展的具体对策及建议，以期解决崇左市旅游产业发展存在的相关问题。

2 理论基础与研究综述

2.1 基本概念

2.1.1 旅游

20 世纪初，英国的《牛津词典》中已经有了关于“旅游”一词的解释，即人们为了某种消遣而进行的外出旅行活动。在我国近代史中，“旅游”一词最早出现在《现代汉语词典》（1959）中。① 改革开放之后，随着国民经济水平的提升，人们生活水平的提高，旅游才开始进入人们的视野，业内学者们开始关注旅游的发展情况。根据联合国世界旅游组织（UNWTO）的定义，旅游是指“为了休闲、商务或其他目的离开他们惯常居住的环境，到某些地方并停留在那里，但连续不超过一年的活动”，其中，旅游目的包括六大类：“休闲娱乐度假”“探亲访友”“商务及专业访问”“健康医疗”“宗教/朝拜”“其他”。② 20 世纪末，朱玉槐主编的《旅游学辞典》（1989）将旅游定义为：旅游是一种以时间的连续和空间的变化转移为形式的行为，这种行为的目的是得到身心的愉悦放松和一种美的视觉享受。③ 发展至今，国内学者关于

① 马洪元．旅游学基础［M］．南京：东南大学出版社，2007.

② 摘自百度百科。

③ 朱玉槐．旅游学辞典［M］．西安：陕西人民出版社，1989.

旅游的定义更是不尽相同，但是比较这些定义的特征可以得出，旅游就是人们追求解脱和补偿的一种异地活动。

近年来，旅游已经变成一种极受欢迎的大众消费活动，其愉悦性、个性化和体验性成为人们追求的目标。因此，深入理解和把握旅游的性质和特点，旅游和社会环境、经济之间的关系，对于地方旅游产业发展有着巨大的推动作用。首先，旅游是经济社会发展到一定阶段的必然产物，因此，旅游本质上具有经济属性，这是自旅游产生以来人们公认的结论。其次，旅游具有文化属性。旅游的产生依赖于一定的旅游吸引物，如自然风景、人类遗产等，旅游者在出游过程中欣赏名山大川、品读文物古迹、体验当地民俗风情、品尝美食等都属于文化消费。因此，旅游活动的文化性主要表现为：旅游资源的文化性、旅游设施的文化性（不同地区的旅游设施都表现了当地的风俗习惯）以及旅游者的文化性。最后，旅游活动是一种涉及食、住、行（交通）、游、购、娱六个要素的综合活动，其本质上具有综合性。此外，旅游已经是一种国际范围内的活动，旅游的产生不仅给目的地带来了经济的增长，同时国际旅游从另一方面促进了不同国家和地区间的相互了解、互融进步。这种综合性涉及经济、社会和文化等，旅游在世界各国和各地区之间的外交活动、政治交往以及民间互动中起到了很好的桥梁作用。

2.1.2 生态旅游

1983 年，世界自然保护联盟（IUCN）最早提出了“生态旅游”这一概念，1993 年，国际生态旅游协会对生态旅游的定义是：具有保护自然环境和维护当地人民生活双重责任的旅游活动。[①] 生态旅游的核心是对自然景观的保护，指人们在不干扰自然地域、保护生态环境、降

---

① 仵自卫．浅析尧山生态旅游的开发［J］．时代报告（学术版），2013（2）．

低旅游的负面影响和为当地人提供有益的社会和经济活动的前提下的一种负责任的旅游。

生态旅游主要包含两个方面的含义：第一个方面是指生态旅游的物件——自然景物；第二个方面是指生态旅游的物件不应受到损害。当前，全球面临着巨大的环境危机，人们的环保意识觉醒并不断增强，全球兴起了一股绿色消费的热潮，生态旅游作为绿色旅游消费，一经提出便得到全球旅游业界的广泛认同，“绿色旅游”“生态旅游”也成为当前旅游理论研究和旅游产业实践的热点之一，世界各国在发展旅游产业时纷纷根据自己的国情，广泛开展生态旅游，形成了各具特色的生态旅游。

生态旅游主要有以下四个特征：

（1）生态旅游的目的地是一些保存完整的自然和文化生态系统，旅游者能够从中获得与众不同的经历，这种经历具有原始性、独特性。

（2）生态旅游强调旅游规模的小型化，将旅游者的数量限定在承受能力范围之内，这样既有利于提高旅游者的观光质量，又不会对目的地造成大的破坏。

（3）生态旅游可以让旅游者亲自参与其中，在实际体验中领会生态旅游的奥秘，从而使其更加热爱自然，这也有利于自然与文化资源的保护。

（4）生态旅游是一种负责任的旅游，这些责任包括对旅游资源的保护责任、维护目的地可持续发展的责任等。由于生态旅游的这些特征能满足旅游者的需求和旅游供给方的需要，生态旅游的兴起成为可能。①

① 程亚宁．长白山自然保护区旅游产业发展策略研究［D］．东北师范大学硕士学位论文，2007.

2.1.3 旅游产业

“旅游产业”这一说法是现在国际上通行的、比较规范的说法。在我国，很多时候我们笼统地将旅游业与旅游产业两者之间画上等号。旅游产业（Tourism Industry），即旅游业以及一切直接为旅游业提供物质、文化、信息、人力、智力、管理等服务的行业的总称。

旅游产业的形成必须具备以下三个方面的要素：第一，旅游资源，即实际的自然景观或者无形的文化资源；第二，旅游设施，主要是交通设施、基本的餐饮场所、娱乐设施以及游憩设施等；第三，旅游服务，这是旅游的软文化方面的体现，同时也是旅游必不可少的一个要素，主要是为旅游提供必要的便利条件。[①]

旅游产业的主要特点是：一方面，随着现代旅游业的发展，旅游已经由传统的观光、休闲活动，逐渐发展成为包括现代商务、差旅会议、养生度假、观光游学、国际政治外交等在内的多样化的活动。为此，旅游产业的内涵更加丰富、外延得到扩展，旅游产业已经逐步成为人们的生活必需品，成为区别于传统的观光休闲产业的“泛产业”。另一方面，随着时代的进步与社会的发展，人们的生活水平在不断地提高，旅游者的需求也在不断地变化，相应地，不同时期的旅游者偏爱的旅游也会有所差异，选择的旅游服务形式也会不尽相同。因此，旅游产业发展是一个动态的发展过程。具体来讲，旅游产业主要是以第三产业为主，同时涉及第一产业和第二产业。例如，涉及第一产业的主要是农、林、牧、副和渔业；涉及第二产业的主要是旅游基础设施部分的轻工业、重工业以及建筑业等；涉及第三产业的主要是通信业、金融服务业、保险业、卫生体育业、文化艺术业、教育事业、信息咨询服务业等相关行业，以及国家机关部门，如旅游行政管理部门、

① 冯卫红．旅游产业集群：理论解释与实证研究［M］．北京：经济科学出版社，2011．

海关、边检等。

2.1.4 旅游商品

国内外有很多学者在相关研究中对旅游商品进行定义，但并未得出一个比较公认的概念。1996 年，世界旅游组织对旅游商品作出了解释，认为旅游商品是旅游者所作准备或者在旅途中购买的物品（不包括服务和餐饮），其中包括衣服、工具、纪念品、珠宝、报纸书籍、音像资料、美容及个人物品、药品等。

在我国，苗学玲（2002）在研究中把旅游商品（或称旅游购物品）定义为旅游者为旅游购买的有形商品（不包括食品和饮料）以及出于商业目的购买的商品。[①] 可见，旅游商品是旅游者购买的对象，所有旅游购物活动都是围绕旅游商品展开的。本书中的旅游商品，是指旅游者在旅游过程中购买的有形商品。

旅游商品的购买者是旅游者，旅游商品和一般的商品是不同的。旅游商品一般具有纪念性、独特性、经济文化性等特征（Ko，1999；Park，2000；Kim et al.，2001；石美玉，2003；苗学玲，2004；张敏，2007）。不同的时期、不同的国家对旅游商品的理解及划分范围是有区别的。学者们根据研究需要，在研究中将旅游商品划分为不同的类型。比较常见的是把旅游商品概括为这几大类：旅游纪念品、民俗艺术品、土特产品、工艺美术品、中药保健品、服饰、一般用品等（Gordon，1986；Timothy，Butler，1995；苗学玲，2004；张敏，2007；白凯，马耀峰，2007）。

有国内外学者专门对旅游商品进行了研究，如研究旅游商品和旅游纪念品的真实性（Littrell et al.，1993；Blundell，1993；Maggie Asplet，Malcolm Cooper，2000；Hong Yu et al.，2003）。关于旅游纪念品

① 陈胜容．“旅游商品”概念内涵之辨析与定义［J］．桂林旅游高等专科学校学报，2006（5）.

的研究，研究内容包括纪念品的分类、纪念品的作用、纪念品的属性设计等。不少学者指出，购买旅游商品的行为也是体验当地风俗文化的旅游活动（Littrell，1990；石美玉，2004；黄鹂，李启庚，贾国庆，2009）。而旅游纪念品具有象征意义，可以留住旅游者的旅游经历及证实旅游体验（Gordon，1986；Belk，1988；Littrell，1990；Littrell，Anderson，Brown，1993；Anderson，Littrell，1995；Maccannell，1999；Kristen K. Swanson，2004），且旅游者通常会和家人、朋友共同分享带回来的旅游纪念品，购买旅游纪念品是为了将不可触摸的旅游经历物化并加以保留（Gordon，1986）。

2.1.5 乡村旅游

乡村旅游这一概念由西班牙学者 Rosa Mary'a Yagu¨e Perales 在 2001 年提出的。他指出乡村旅游以 20 世纪 80 年代为分界点，分为传统乡村旅游和现代乡村旅游两种形式。

工业革命以后，传统的乡村旅游崭露头角，表现为来自农村的城市居民热衷于“回老家”度假。传统的乡村旅游的主要特点为：

（1）对当地的经济产生了一定的影响，拓展了城乡之间的交流活动。

（2）活动发生的时间主要是节假日。

（3）这一活动的发生具有条件性，未从根本上解决农村的经济发展问题。

2015 年中央一号文件出台，乡村旅游开始在我国迅猛发展起来。乡村旅游的宗旨是旅游度假，主要发生在村庄野外的空间，是以无干扰的人文气息、无破坏的生态环境、游居和村野行为为特色的村野旅游形式。随着乡村旅游的迅速发展，近几年人们围绕乡村旅游提出了很多原创新概念和新理论，如游居、野行、居游、诗意栖居、第二居所、轻建设、场景时代等，新概念和新理论的提出使乡村旅游的内容更丰富、形式更多元，有效缓解了乡村旅游同质化日益严重的问题。

2.2 国外相关研究综述

国外关于旅游产业的研究是伴随着旅游业的兴起而逐步出现的。Mihalic（2000）指出一个地区的旅游产业的竞争力是由资源、管理、组织和效率等多个因素引起的，在进行竞争力分析的时候，需要从多方面入手。Derek Wale（2001）选取墨西哥为研究对象，通过对墨西哥的旅游市场发展状况以及墨西哥的历史情况进行研究，预测了墨西哥旅游市场的发展潜力以及未来趋势。Arturome lian-Gonzalez Uanmanuel-Garcia-Falon（2003）选取西班牙为研究对象，分析了旅游资源对旅游区旅游产业发展的影响，根据研究结果建立了旅游产业发展潜力的量化评价模型，并将其应用在西班牙的旅游产业发展中进行了实际测试。Julie Jackson（2009）以整体经济发展不平衡理论为基础，以波特模型为研究的论证点，量化地分析了中国的旅游产业发展潜力，进而预测了我国旅游产业发展的前景和走向。

在特色旅游产业研究方面，Grey Richards、Crisp Raymond 等（2000）从概念的角度入手，定义了什么是创意旅游，并指出互动是文化创意旅游产业中必不可少的一个环节。Mattsson、Halager、Veimeulen 等（2000）从旅游产业创新研究的角度出发，分别对旅游产业要素在管理体系上的创新系统和旅游组织在空间上的创新模式、旅游产业集群创新以及怎样在传统的旅游企业中进行创新的问题进行了研究。Ondimu（2002）以智利古斯社区的文化遗产为研究对象，运用 SPSS 数据分析软件，定量地研究了该社区的旅游发展状况，指出了其未来的发展方向。Median（2003）以伯利兹为研究对象，从人类学理论视角出发，分析了伯利兹文化旅游业在其发展过程中主要出现的问题，提出了其文化旅游资源商品化对传统的旅游者以及旅游文化的冲击及其未来的发展契机。Kaley（2004）以加拿大的音乐之都——渥太华为研究对象，分析了其音乐文化遗产对本土旅游产业的影响。Valeria（2007）对文化旅游产业在区域旅游经济发展中的作用进行了研究，研究指出文化旅游产业会直接或者间接地影响区域旅游经济的发展，反过来说，一个地区的旅游经济发展水平以及政府政策也会影响当地文化旅游产业的发展。Christoph Vietze（2008）以美国为研究对象，应用引力模型来研究宗教文化对旅游产业的影响，研究指出宗教文化在美国旅游产业发展中起着重要的、不可忽视的作用，美国旅游产业的迅猛发展一部分须归功于其宗教文化旅游业的发展。

总体说来，国外有关旅游产业的研究已经相当成熟。

2.3 国内相关研究综述

国内学者对于旅游产业的研究起步于20世纪末期，其研究的内容大致可以分为以下几种类型：旅游产业在国民经济发展中的作用、社会地位以及发展方式、旅游产业空间结构以及旅游产业集群式发展、特色旅游产业以及地区旅游产业发展研究等方面。

关于旅游产业在国民经济发展中的作用、社会地位以及发展方式等方面的研究主要出现在旅游产业发展的初期。其中，李庚（1996）以北京市为研究对象，指出在19世纪与20世纪之交，北京市应该重视旅游产业在国民经济发展中的作用，积极地发展旅游产业。关晓霞、赵曦、朱乐等（2000）从产业发展的战略角度出发，研究了旅游产业发展的意义。此外，贺同新（2000）、周宵（2003）、毛冬焰（2003）、张文忠（2004）等人在这一时期的研究也具有相当大的参考价值和现实意义。

关于旅游产业空间结构以及产业集群式发展的研究是近年来逐渐兴起的。尹贻梅（2004）将战略模式和产业集群联系起来进行研究，提出了旅游企业进行集群式发展是当前提高其零散经营状态下的市场竞争力的最主要的战略模式。庄军（2005）就旅游产业集群的界定进行了调查研究，指出旅游产业集群主要与旅游者的旅游行为密切联系，是为旅游者提供服务的各种相关行业、企业以及其他机构在地理空间上的一种集聚现象的总称。张建春（2006）从宏观角度出发，指出从地理空间角度来看，旅游产业集群是一种在地理空间上的集聚现象；从旅游产业链来看，旅游产业集群的形成是分工合作的，具有关联性、外部经济性的产业集聚发展的过程；从空间演变来讲，旅游产业集群的形成是一种动态的发展变化过程。毛剑梅（2006）从相对微观的旅游吸引物入手，定义旅游产业集群是围绕着一个特定区域内的旅游吸引物，以发展旅游产业为目的进行旅游资源开发而产生的相互联系、相互竞争的食、住、行、游、购、娱等旅游相关企业、政府部门和机构、非政府组织在地理空间上的集聚现象。该定义指出旅游产业集群是在旅游资源导向结构下各部分结构相互集聚的空间现象。张文建（2008）选取旅游过程中较重要的人口和环境指标，研究了在可持续发展背景下影响旅游产业发展的各种因素，最后根据这些影响因素提出了具体的结构优化措施。车裕斌等（2010）通过建立旅游产业的吸引力模型，总结出影响旅游产业吸引力的要素主要有旅游资源、旅游者、旅游产品、旅游交通、旅游企业以及其他相关企业。敖荣军、韦燕生（2011）在前人的研究基础上进一步分析了影响旅游产业发展的因素，通过比较分析不同区域的旅游产业发展水平，得出影响旅游产业发展的不仅仅有旅游六要素和企业本身，评价一个区域旅游产业发展水平的高低还要考虑区域的旅游服务水平、旅游基础设施，比如游憩桌椅、厕所、垃圾桶、导向标识系统等因素。李亚兵、肖星（2012）将影响旅游产业发展的因素放入一个系统中进行具体分析，探讨了区域旅游产品开发的机制和影响因素，并得出主要的影响因子有旅游资源、空间竞争、可进入性、旅游者消费行为、经营者、开发者、区域环境等。

关于特色旅游产业方面的研究主要兴起于21世纪初期，其研究概括起来包括特色旅游产业的定义、特色旅游产业发展的制约因素、特色旅游产业对经济发展的作用及其发展定位等方面。以文化旅游产业为例，袭绍方（2008）指出产业观念落后、管理体制不健全以及相关的立法不完善是制约我国文化旅游产业发展最主要的三方面因素。方叶林（2009）选取贵州省的夜郎文化为主要研究对象，研究了制约其发展的主要因素，文章指出，贵州省的夜郎文化最主要的问题是文化概念界定不清晰、不明确，另外，贵州省的夜郎文化还存在着旅游资源的区位优势不明确、景区的交通可达性较差、夜郎文化的市场管制体系混乱等问题。张春霞（2011）选取旅游主体——旅游者、导游，以及旅游相关者——政府、相关企业和组织为研究的指标体系，研究了不同民族间的旅游可持续发展问题，从旅游者、导游、旅游相关者的文化素养和品味，不同民族间的文化差异和互融互通等方面提出少数民族在发展旅游产业的过程中应该采取的相关对策。此外，关于特色旅游的研究还有：孙晓东、冯学钢等（2012）关于我国邮轮旅游产业的研究；孙丹榜（2012）对昆明红色旅游产业的研究；陈治中（2013）对龙水湖与千岛湖湖泊旅游产业链的对比研究；杨露（2013）对购物旅游产业的竞争力研究等。

关于地区旅游产业发展方面的研究，魏冰（2004）运用定性研究方法，通过比较北京市与国内其他城市的旅游产业发展的状况，得出了北京市旅游产业发展的若干问题，并提出相应的对策建议。刘志华（2012）运用定量研究方法，分析了北京市旅游产业集群式发展的相关问题，指出了有助于其可持续发展的相关对策建议。高凌江（2012）在其《北京旅游产业素质升级的机理分析及其建议》中从旅游产业发展的政策、科技、教育和消费等方面入手，定性地研究了旅游产业升级发展中的推动因素、动力机制及升级路径，并对旅游产业的素质状况升级提出了相应对策。杨俊博（2013）研究了千年帝都洛阳的旅游产业发展状况，他指出千年帝都洛阳有着丰富的旅游资源品牌，如洛阳牡丹、古诗词歌赋等，但是这些得天独厚的资源却没有得到充分的开发，洛阳旅游产业存在着文化资源开发不足、宣传不充分等问题，在国家大力发展旅游业的背景下，洛阳市委、市政府应该积极响应国家号召，努力汇集各方面的人才，努力培育特色旅游品牌，创立创新旅游发展模式，争取打造出最响亮、最有力的千年古都、牡丹之乡的洛阳旅游品牌。

总体来说，国内关于大城市旅游产业的研究已经相当充分了，有关县级市、地级市旅游产业的研究是未来研究的方向，并且也有很大的参考价值和现实意义。

3　旅游产业发展案例借鉴

《诗经》有曰："他山之石，可以攻玉。"本书对国内外其他城市在旅游产业发展方面取得的成功经验进行了分析与总结，以期为崇左市的旅游产业发展提供有益的借鉴。

3.1　案例分析

每一个成功的旅游城市都有其宝贵的发展经验，值得我们借鉴。本书选择云南省丽江市、西藏自治区林芝市、印度尼西亚巴厘岛以及泰国作为案例进行分析，寻找可供借鉴的成功经验。

3.1.1　云南省丽江市[①]

丽江市，云南省辖地级市，位于云南省西北部云贵高原与青藏高原的连接部位，海拔高度为2 418米。北连迪庆藏族自治州，南接大理白族自治州，西邻怒江傈僳族自治州，东与四川凉山彝族自治州和攀枝花市接壤。总面积2.06万平方公里，总人口124.48万。丽江古城区是中国罕见的保存相当完好的少数民族古城，集中了纳西文化的精华，完整地保留了宋、元以来形成的历史风貌。丽江市始建于南宋的丽江

① 根据王君正的《转变发展方式　提升丽江旅游核心竞争力》整理而成。

古城，自古以来就是丝绸之路和茶马古道的中转站，丽江古城曾是仓廪集散之地。丽江市属高原型西南季风气候，气温偏低，昼夜温差大，大部分地区冬暖夏凉。年平均气温为12.6℃～19.8℃，年温差小，但日温差较大。年最高气温25.1℃，最低气温－27.4℃，每年的5—10月为雨季，七八月的雨量特别集中。[①]

丽江市地处三江并流横断山脉区域，地形地貌十分复杂，民族众多，历史悠久，旅游资源异常丰富。全市共有旅游风景点104处，具代表性的有：二山（玉龙雪山和老君山）、一城（丽江古城）、一湖（泸沽湖）、一江（金沙江）、一文化（纳西东巴文化）、一风情（摩梭风情）。丽江是集世界文化遗产、世界自然遗产、世界非物质文化遗产于一身的著名旅游地。

1980年，加拿大学者Bulter R. W. 提出了旅游地生命周期理论，即旅游地演化经过的6个基本阶段：探查阶段、参与阶段、发展阶段、巩固阶段、停滞阶段、衰落或复苏阶段。结合丽江旅游发展实际，以Bulter的旅游地生命周期理论为依据，国内学者将丽江市20多年的旅游产业发展历程分成探查、参与、发展三大阶段。本章沿用学者们的三阶段理论回顾分析丽江市旅游产业发展各阶段的重要事件。

3.1.1.1 探查阶段（1981—1990年）

这一时期是丽江市旅游产业的起步时期，其最主要的特点是没有或只有少量的旅游者出现在这里。1985年，丽江市优美的山水在海外旅游爱好者中广为流传，随着中国对外国旅游者管制的放宽，越来越多的外国旅游者不远万里前来丽江寻梦，重温古老王国的迷人魅力。这一时期，丽江市旅游产业发展主要处于探查阶段，尚没有特别的旅游设施，旅游地的自然环境和社会环境没有因旅游而发生迅猛的变化。

① 摘自丽江市政府官网，http：//www. lijiang. gov. cn/。

3.1.1.2　参与阶段（1990—1994 年）

在此阶段，旅游的规模性逐渐显现，访问丽江的旅游者的数量逐步增多，同时，外国旅游者的比例依旧较高，丽江市一部分本地居民陆续将一些简单的接待设施提供给旅游者。随着旅游市场的逐步形成，旅游淡旺季逐渐清晰，一部分有组织的旅游活动也随之开始出现，一些本地居民为了适应旅游季节的变化而调整了原先的生活方式，旅游市场进一步被开拓。与此同时，发展旅游产业开始明确地被地方政府提上了议事日程，专门的旅游管理机构逐步设立，旅游设施和交通等逐步得到改善。

3.1.1.3　发展阶段（1994 年至今）

依照丽江市旅游产业发展的实际情况，丽江市旅游产业的发展阶段又可以分成四个小的发展阶段，即快速发展阶段、巩固发展阶段、提质增效发展阶段和转型升级发展阶段。

（1）快速发展阶段（1994—1999 年）。

在此阶段，丽江市接待的旅游人次从 1994 年的 21.7 万人次迅速增加到 1999 年的 280.4 万人次，在大量广告和旅游者的宣传下，特别是在滇西北旅游规划会、丽江“2·3”地震恢复重建、昆明世界园艺博览会等重大发展契机的带动下，一个日益成熟、快速发展的旅游市场逐步形成，外来投资骤增，本地居民提供的简陋食宿设施逐渐被具有一定规模的现代化设施所取代，旅游地和城市的面貌发生了根本性的变化。

（2）巩固发展阶段（1999—2004 年）。

在此阶段，最突出、最显著的特点是受到长达半年的昆明世界园艺博览会（超前消费了部分潜在游客）和 2003 年突如其来的“非典”（旅游业被迫停业整顿）的影响，丽江市旅游产业的快速发展势头受到了一定程度的抑制。例如，2000 年的旅游者人数仅比 1999 年增加了 10

万人次，增长了3.6%；2002年旅游者人数比2001年增长4.8%；到了2003年，丽江市旅游者人数出现了-10.7%的增长。在此期间，丽江市旅游者人数从1999年的280.4万人次逐步增加到2004年的360.2万人次，年均增长率为5.5%，竞争力有所增强，其中，"卖方市场"的优势地位被弱化。与国内其他地方的旅游产业发展情况相比较，昆明世界园艺博览会以及2003年"非典"事件的发生，从另外一个角度向我们展示了丽江市旅游产业广阔的发展空间、顽强的生命力和巨大的发展后劲。

（3）提质增效发展阶段（2004—2008年）。

在此阶段，丽江市政府在发展旅游产业的过程中，一方面，不断扩大丽江市旅游产业的"量"，另一方面，加强了对丽江市旅游产业"质"的提升，这主要表现在丽江市政府提出了增加旅游产业对财政贡献率等发展思路，实现了丽江市旅游者人数的稳定增长，从2004年的360.2万人次增加到2008年的625.5万人次，特别是海外旅游者从9.2万人次迅速增加到了46.6万人次，实现了较大幅度的提升。丽江市政府的这一系列措施，使丽江市旅游产业的接待规模和综合效益迈上一个新台阶。丽江市的旅游区、娱乐区、商业区之间的界限更加分明了，丽江市的旅游产业也对其区域内的旅游设施提出了更高的要求，现有的旅游设施不能满足丽江市旅游产业发展的需要。丽江市大大扩大了旅游投资规模，旧有硬件被更加现代化、上档次和大体量的旅游设施所取代。

（4）转型升级发展阶段（2008年至今）。

20世纪末，国内旅游界首次提出"转型升级"的概念，近几年一些旅游产业发达地区从各自实际出发，为促进旅游产业从粗放型、数量型、速度型向集约型、质量型、效益型转变，针对产品质量不高、结构单一、线路陈旧、市场营销薄弱、产业联动不强、综合效益偏低等问题，进行了一些有益的探索，并付诸行动，取得了一定的成效。

2004年，丽江市先后就“旅游业二次创业”发展思路提出了“提质增效”的发展目标，迈出了旅游产业转型升级的初步探索的步伐。2008年1月，转型升级作为国家全行业性的发展战略在北京市召开的全国旅游工作会议上提出，这是我国旅游产业在经历30年持续较快发展之后，结合产业自身的发展规律，在全面推进小康建设的关键时期，为全面贯彻落实十七大精神和科学发展观要求，迎接新一轮大开放、大调整、大转折、大发展的历史性机遇与挑战而提出的新目标、新任务。会议明确指出：“转型升级是全国旅游系统当前和今后一个时期的全局性发展任务，是经济社会发展到一定阶段旅游消费需求升级的必然趋势；是遵循旅游产业发展规律，实现又好又快发展的必然选择。在转型升级的过程中，一定要明确‘转’就是以市场为导向，由粗放型向集约型发展转变，由注重经济功能向发挥综合功能转变；‘升’就是以提升产业素质为目标，提升发展质量，提升发展效益，提升市场竞争能力。”① 结合丽江市旅游产业的实际，比较国内各旅游地区面临的基本转变任务，学者们指出了丽江市旅游产业的转型升级更具有自身的独特性、艰巨性和宏伟性。

丽江市旅游产业发展所取得的成绩主要有两个方面：一方面，丽江市立足自身丰富的旅游资源优势，抓住了改革开放，西部大开发和云南建设旅游大省、文化大省等一系列重大历史机遇，通过实施旅游先导战略，使旅游产业从无到有、从小到大，实现了从“接待事业型”到“经济产业型”再到“支柱产业型”的历史性转变，使丽江市从一个“不靠海、不靠边、不靠中心城市和交通枢纽”的欠发达少数民族地区一跃成为国内外知名的新兴旅游胜地，走在了全省乃至全国旅游产业的前列，取得了令人瞩目的成绩，积累了丰富的发展经验，为实现更大的辉煌奠定了坚实的基础。另一方面，丽江市积极融入云南的大区域旅游。在与国内知名旅游目的地大理市、昆明市、西双版纳傣

① 摘自2008年全国旅游工作会议相关文件。

族自治州旅游产业的合作发展中，共同塑造了“七彩云南”的旅游品牌，成为国内乃至国际的重要旅游目的地。

3.1.2 西藏自治区林芝市

林芝市（2015年由林芝县改林芝市），是西藏自治区辖地级市，位于西藏自治区东南部，地处雅鲁藏布江中下游。其西部和西南部分别与拉萨、山南市两地市相连，东部和北部分别与昌都市、那曲地区相连，南部与印度、缅甸两国接壤。林芝市平均海拔3 100米，总面积11.7万平方公里，总人口20.3万，是一个以藏族为主体的多民族城市，被称为西藏的江南，以世界上最深的峡谷——雅鲁藏布江大峡谷著称。林芝市林地面积264万公顷，森林覆盖率46.09%，为中国第三大林区，西藏80%的森林都集中在这里。广袤的原始森林蕴藏了丰富的林业资源及珍奇动植物资源。多为热带湿润和半湿润气候，年降雨量650毫米左右，年平均温度8.7℃，年均日照2 022.2小时，无霜期180天。

发展至今，旅游产业是林芝市的第一大产业，市政府对其的重视可见一斑。主要景点包括嘎瓦龙天池、拉多藏湖、布久喇嘛林寺、帕嘎寺、仁钦崩寺、列山古墓群、南迦巴瓦峰、桃花沟、错高湖、加兴沟水帘瀑布、苯日神山、雅鲁藏布江大峡谷等。

此外，林芝市处于工布文化的核心区，是藏族工布人的世居之地，也是格萨尔王相关故事、传说流传广泛的区域之一。同时，由于历史上林芝市山高路险，依然存在着苯教痕迹。因此，林芝市具备了工布文化、苯教文化、格萨尔王精神的人文旅游资源。

林芝市除了具有浓厚特色的工布年外，每年还要举办一些盛大的活动，如桃花节、大峡谷旅游节等。在建筑方面，喇嘛岭寺是工布建筑文化最为集中的体现。而苯教文化中具有重要代表性的是苯日神山，以及增巴沟、巴龙沟中许多被当地村民赋予名字的奇石等，这些奇石的名称体现了苯教的文化特征。

林芝市还拥有许多文物古迹。比如，自治区级历史文化遗迹鲁朗扎西岗桑杰庄园和第穆摩崖石刻等；古寺古庙布久拉康、德木寺、喇嘛岭寺、则拉宗等；民俗村寨、国家4A级景点，素有“千年核桃村”之称的西藏民俗第一村鲁朗扎西岗村等。

林芝市旅游产业发展优势可以概括为以下几点：

（1）突出的交通、区位条件优势。

良好的生态环境是林芝市独特的区位优势，林芝市距西藏首府拉萨424公里，交通道路网四通八达，318国道横贯县境，西经八一镇到拉萨，东接昌都到四川，柏油路面及乡村公路连接全市境内大部分旅游景点。另外，林芝市1区6县7镇都有能通汽车的公路，总通车里程达410公里。市区距地委、行署所在地八一镇18公里，具有行政、交通、经济和文化中心的区位条件优势。

（2）良好的气候条件优势。

受印度洋暖湿气流的影响，林芝市冬暖夏凉，不仅适合在旺季发展旅游度假、避暑观光产业，而且还适合在西藏旅游的淡季发展旅游。加之这里空气纯净，生态环境保护完好，具有发展生态旅游的得天独厚的气候条件优势。

（3）富集的旅游资源优势。

林芝市旅游资源覆盖面广，类型丰富，自然景观与人文景观相得益彰。在大自然鬼斧神工的打造下，形成了独特的自然景观，其环境之奇峻世间罕见。市内有世界顶级的旅游资源：雅鲁藏布江大峡谷、大柏树、鲁朗风光、江河风光、宗教寺庙等，具有多样性，有利于组织开展休闲度假、科考探险、宗教朝圣、采风摄影、民俗体验、徒步旅行、漂流等专项旅游。

（4）丰富的物产优势。

林芝市盛产许多优质的果品，如梨、桃、苹果、西瓜、橘子、葡萄、核桃等，为培育农业生态旅游提供了有利条件，通过自然资源和人文资源的结合，可开发出具有林芝市特色的观光型、科普教育型等农业生态旅游产品。[1]

（5）潜在的客源市场优势。

与国内大部分城市相同，林芝市的休闲度假旅游已经成为其旅游市场当下最时尚的一种旅游形式，林芝市周末度假旅游市场的旅游者都是本地区或者临近区域内的旅游爱好者。林芝市休闲度假旅游市场潜力巨大。另外，从国内旅游市场发展趋势来看，在党中央一系列促消费、拉内需政策的指导下，在生态旅游、探险旅游、回归自然等一系列旅游活动的刺激下，国内休闲度假旅游市场将空前繁荣。从国际旅游市场来看，西藏自治区对外开放程度的提高，保障了林芝市的可进入性，林芝市作为我国美丽边疆腹地的形象进一步深入人心，观光、朝圣、猎奇、探险及生态考察等不断吸引着外国旅游者。

（6）巨大的后发优势。

虽然林芝市旅游产业发展起步较晚，却是西藏自治区旅游市场的一颗后起之星，其后发优势极其突出。深入探究其原因，一是由于市政府明确、明智的旅游发展执政理念。林芝市委、市政府引进了先进的旅游发展理念，使得林芝市的旅游发展探索之路大大缩短。二是由于林芝市原生性的旅游资源被很好地保存了下来，林芝市旅游资源的整合和开发简便易行，这为林芝市发展生态旅游提供了条件，符合旅游者回归自然的旅游理念。

（7）政策优势。

自国家西部大开发战略实施以来，国家及政府不断增加对林芝市的惠顾政策，扶持工作也一直在有序地进行。政府为满足不断增长的旅游需求，积极响应国家“十二五”规划，深入贯彻十八大精神，结合“农牧稳县、生态兴县、科技强县、旅游富县”的发展战略，制定

① 摘自林芝市政府官网，http：//www. linzhinews. com/。

了林芝市旅游“十二五”发展规划和开发对策。现在，林芝市部分民众参与旅游产业的积极性高涨，纷纷投身到林芝市旅游产业发展中。

（8）交通条件日益完善、可进入性不断增强的优势。

近年来，“要致富，先修路”的理念深入人心。林芝市在其旅游开发的过程中也很好地实践了这一理念，旅游交通状况得到改善，进而为迎接大批旅游者做好准备。尤其是青藏铁路的通车，更是大大地促进了整个西藏自治区旅游产业的发展。

过去，受地理区位偏远与常规旅游资源欠缺的限制，旅游产业的发展方向一度困惑着地方管理部门。然而，随着社会经济环境的变化，众多旅游者倾向于走出钢筋水泥的城市，走进原汁原味的大自然，去享受天然的美好。在此背景下，生态旅游逐渐升温，林芝市凭借着卓越的生态环境也找到了旅游产业发展的方向。“十三五”期间，林芝市大力发展生态旅游，在《西藏林芝地区林芝县旅游发展总体规划（2009—2030）》中，单设专题对生态旅游和生态保护进行研究与部署，强调了生态环境在林芝市旅游产业发展中的重要性。通过不懈的努力，林芝市走出了一条生态旅游的康庄大道，成为旅游者西藏之行中必不可少的旅游目的地。

3.1.3　印度尼西亚巴厘岛[①]

3.1.3.1　巴厘岛简介

巴厘岛（印尼语：Bali），作为行政区划时被称为巴厘省，是印度尼西亚33个一级行政区之一。巴厘岛是印尼13 600多个岛屿中最耀眼的一个岛，风情万种，景色甚为绮丽。因此，它还享有多种别称，如“神明之岛”“恶魔之岛”“罗曼斯岛”“绮丽之岛”“天堂之岛”“魔

① 巴厘岛［EB/OL］. 百度百科，http://baike.baidu.com/link? url = LUz0byX8RDdUaHnzleWqEg2vau04xb - c8r0sJVvy3TEKPTmMnX1saMvIblWj6D6sjoHEtonZhoRWRAjXItxl3LwDf6f1l60 - ERlzeLnVVD_.

幻之岛”等。巴厘岛距离印尼首都雅加达约1 000公里，与爪哇岛之间仅隔3.2公里宽的海峡，面积约5 630平方公里，人口约315万，其省会设于岛南部的丹帕沙。居民主要是巴厘人，信奉印度教。巴厘岛以庙宇建筑、雕刻、绘画、音乐、纺织、歌舞等闻名于世，也因其如画的风景、纯朴的民风成为世界级的旅游度假区。

3.1.3.2　旅游业简介

巴厘岛是世界著名的旅游胜地，也是印尼旅游业的领头羊，连续几年的旅游收入占印尼旅游收入的45%，80%的当地居民都从事旅游业。据资料统计，每年来巴厘岛的外国旅游者总数达300多万人次，酒店的住房率平均达到90%。巴厘岛的外国旅游者以澳大利亚、日本和欧美为主，但自2006年起，中国旅游者数量已占据外国旅游者总数的四分之一。每逢春节以及“十一”黄金周，甚至有京、沪两地旅游者包机到巴厘岛旅游。为此，巴厘旅游业把中国作为最重要的旅游客源市场加以开发。酒店业是中国游客增多的直接受益者。

（1）历史沿革。

巴厘人是由多种南岛移民以及约公元前2 500年的史前时代混血民族所组成。一般都认为，大约在公元前300年时的青铜器时代，巴厘岛已有非常进步的文化。目前仍在使用的农田灌溉组织和灌溉系统就是沿袭自当时。

大约10世纪时，印度文明影响全东南亚，并经过爪哇岛传入巴厘岛，形成后来巴厘岛的文学、艺术、社会组织和政治的雏形。13世纪时，信奉印度教的爪哇人开始统治巴厘岛；公元1515年伊斯兰教传入爪哇岛，促使大批印度教的僧侣、贵族、军人、工匠和艺术家逃亡到巴厘岛，促成16世纪巴厘岛的黄金时代。

1550年，巴图仍贡建立了第一个巴厘岛王国。据说1588年有3个荷兰航海家因船只失事来到巴厘岛，这是西方人第一次来到这里，后来能够搭船回国时却只有1个人愿意回去，由此可见巴厘岛的魅力。其后巴厘岛进入荷兰殖民时期。在很长一段时期，殖民者只专注于爪哇岛和苏门答腊的资源掠夺（香料、木材等）和海上贸易，并未将巴厘岛纳入。

一直到20世纪初，荷兰人决定征服该岛，巴厘岛土著在抗争无效之后，选择大规模集体自杀，1906年登巴萨王室贵族几乎全部自杀于荷兰军队面前（登巴萨市政广场的纪念碑即是纪念此事件）。自杀事件传到欧洲后引发震动，迫使殖民者实行较人道的统治，巴厘岛的传统文化特色也由此得以传承下来。

（2）交通及酒店。

从20世纪六七十年代开始，巴厘岛政府为了发展旅游产业，开始大力改善交通等基础设施，拓宽和新建了很多道路，还将南部登巴萨附近的伍拉·赖国际机场进行了扩建，并于1963年得到了国际民航组织的承认，为外国旅游者数量的快速增长铺平了道路，使得旅游产业逐渐成为这个原本以农业为主的岛屿新的经济支柱。巴厘岛内没有铁路设施，汽车为主要交通方式，岛内有沿岸的环岛公路以及通往内陆的南北向公路，岛内有许多接泊车提供给旅游者。

（3）气候。

巴厘岛地处赤道，气候炎热而潮湿，是典型的热带雨林气候。在低处，平均温度在21℃~33℃之间，但山区温度可以低至5℃。湿度因地区及季节不同而异，平均湿度约在60%~100%。

一般而言，印尼可分为两个季节：东南季风带来干燥天气（干季），西北季风带来丰沛的雨水（雨季）。雨季从11月持续到次年3月，1月至2月是雨季的最高峰，每天下好几个小时的雨，特别是在巴厘岛中心的小山上。下雨之前，空气中充满湿黏的闷热感；雨后则立刻让人感觉清凉舒畅。4月到10月是干季，是攀登山峰或参观自然保护区的最佳时节。

该岛由于地处热带，且受海洋的影响，气候温和多雨，土壤十分肥沃，四季水绿山青，万花烂漫，林木参天。巴厘人生性爱花，处处用花来装饰，因此，该岛有“花之岛”之称，并享有“南海乐园”“神明之岛”的美誉。岛上大部分为山地，全岛山脉纵横，地势东高西低，有四五座锥形完整的火山峰，其中阿贡火山（巴厘峰）海拔3 142米，是岛上的最高点，附近有曾于1963年喷发过的巴都尔活火山。岛上沙努尔、努沙杜尔和库塔等处的海滩，是该岛景色最美的海滨浴场，这里沙细滩阔、海水湛蓝清澈，每年来此游览的各国旅游者络绎不绝。

（4）民俗文化和宗教信仰。

巴厘岛因历史上受印度宗教文化的影响，居民大都信奉印度教，是印尼唯一信仰印度教的地方。但这里的印度教同印度本土的印度教不大相同，是印度教的教义和巴厘岛风俗习惯的结合，称为巴厘印度教。居民主要供奉三大天神（梵天、毗湿奴、湿婆神）和佛教的释迦牟尼，还祭拜太阳神、水神、火神、风神等。教徒家里都设有家庙，家族组成的社区有神庙，村有村庙，全岛有庙宇超过12.5万座，因此，该岛又有“千寺之岛”的美称。神庙中最为著名的当属拥有千年历史的百沙基陵庙，该陵庙建在被称为“世界的肚脐”的阿贡火山山坡上，以专祀这座间歇喷发的火山之神。

巴厘岛不但自然景色优美迷人，其丰富多彩的文化和风俗习惯也驰名于世。巴厘人的古典舞蹈典雅多姿，在世界舞蹈艺术中具有独特的地位，亦是印尼民族舞蹈中一朵鲜艳的奇葩。巴厘岛的雕刻（木雕、石雕）、绘画和工艺品也以其精湛的技艺、独特的风格闻名遐迩。在岛上处处可见精美的雕像和浮雕，因此，该岛又有“艺术之岛”的美称。巴厘岛的绘画别具一格，大都是用胶和矿物颜料画在粗麻布或白帆布上，主题以田园风光和人们的生活习俗为主，具有浓郁的地方色彩。因此，巴厘岛素有“诗之岛”“东方的希腊”的美称。位于岛中部的乌穆是绘画中心，在这里保存着许多历史文物和巨幅绘画。

当地居民都很友好，但旅游者必须注意一些风俗以免引起误会。

左手被视为不洁，因此与人接触时尽可能使用右手。不要用弯曲手指的方式请别人过来。头部是神圣的，千万不要拍别人的头部，即使对方是小孩子。街头有些我们看来很普通的事物（如树木）也被当作神灵祭祀，所以街边也经常摆放着祭祀用品，行走时要留意路上的祭祀用品，千万不可踩踏。到当地人家中做客，进入房间的时候要先脱鞋。进入寺庙须脱鞋，不得穿短裤或短裙，不可露出手臂及腿，生理期的女生莫进入寺庙。寺庙门口有供免费借用的沙龙和腰带，但应适当布施。若有人（尤其是祭师）坐在地上时，千万不可站在他的右手边。

（5）蜜月圣地①。

无论是幽静的海滩美景，还是充满信仰的宗教文化，抑或是艺术感十足的村落或者舞蹈，都会让旅游者在巴厘岛期间，不仅身体上享受到无与伦比的轻松，心灵上也烙下了十分充实的色彩印记。因此，浪漫与艺术并存的巴厘岛被誉为蜜月圣地。

乌鲁瓦图悬崖又被称为“情人崖”，传说有一对相爱的青年男女受到父母的阻挠，在这里跳海殉情。海神庙建在悬崖之上，面向波涛汹涌的大海。传说古时有一艘船上的水手触怒了海神，海神掀起巨浪把船掷向岸边，就形成了船头形状的悬崖。海神庙建于11世纪，全部使用坚硬的花岗岩建造。魅力无限的断崖景观加上动人的爱情故事，让这座岛屿充满了生机，也增添了文化底蕴。

3.1.3.3 旅游业现状②

巴厘岛这样一个高档次的豪华度假岛屿，几乎遮盖了印尼其他岛屿的光芒。这个面积仅仅为我国海岛面积六分之一的小岛，开车几个小时便可横穿；硬件设施也普遍不如我国的海南岛，岛上的机场甚至不如我国的三线机场。但它是个让人流连的海岛，无数亚太、欧美的

---

① 蜜月圣地巴厘岛 浪漫与艺术并存（六）［EB/OL］. 网易旅游，http://travel.163.com/14/0617/09/9UUD4L0O00063KE8_6.html.

② 廖民生. 中外旅游城市国际化战略与案例［M］. 北京：经济科学出版社，2015.

旅游者蜂拥而至，将这里的大小酒店挤得满满当当。2014 年，巴厘岛的旅游者人数高达300 万人次，以国际旅游者居多。目前，中国已经跃居巴厘岛主要客源地之一，据统计，2014 年有58.4 万中国旅游者到访巴厘岛，比上一年增长51.3%，占赴印尼的中国旅游者人数的一半以上。巴厘岛中国旅游者数量仅次于澳大利亚，位列第二。如今，巴厘岛的中国旅游者人数以每年50%的速度递增。

印度尼西亚岛屿众多，景点分散，各地的人文风土迥异，很适合发展主题旅游，而巴厘岛就是其中的翘楚。像中爪哇的梭罗适合手工业体验游，日惹适合历史遗迹和火山游，西爪哇的万隆和雅加达适合商务会展和购物游，北苏门答腊适合探险游等。有意思的是，印尼这些分散的主题旅游资源，却都能在巴厘岛找到，因而，它又被称为“微缩版的印度尼西亚”。巴厘岛旅游产业定位采取了差异化品牌定位，以强调度假地的文化特色要素来更好地吸引旅游者。

究竟是什么样的旅游发展理念，让这里成为全球旅游者心目中的“天堂岛”，吸引着五湖四海的旅游者呢？下面从3 个方面介绍巴厘岛在旅游产业发展中的一些举措[①]：

（1）区域经营与分层次旅游。

“岛内较为明显的区域划分显示了巴厘岛发展的历史脉络。”《巴厘风采》主编梁智海介绍说，库塔区是20 世纪70 年代最早开发的旅游区域，是至今最热闹的旅游区域，旅游团队、观光旅游者和散客多汇聚于此；努沙杜尔区作为过渡型的旅游区域兴起于20 世纪80 年代；沙努尔酒店特别区作为当地政府重点推出的大型度假酒店聚集地，则是针对高端消费群体。

梁智海认为，区域经营是巴厘岛旅游产业定位上的一个特点，区分高中低消费群体的消费能力。这也是巴厘岛经过了多年经营和针对

① 单憬岗，侯赛．巴厘岛：什么让人神迷［EB/OL］．海南日报数字报刊，http://hnrb.hinews.cn/html/2015-08/18/content_6_1.htm.

长期性旅游者形成的数据统计而进行的区分式经营，避免了休闲娱乐设施因为消费者满足感的不同而产生布局上的杂乱。这种分层次旅游的战略思想其实源于巴厘岛旅游发展的平民化战略。

“巴厘岛的旅游平民化很值得学习。”中国驻登巴萨总领事馆代总领事刘志杰举例说，巴厘岛的住宿、租车、用餐等都非常方便，此外，巴厘岛工艺品的生产和销售也是以家族和家庭式为主，并以合作社的形式形成产业化。

在巴厘岛，旅游者可以真正感受到什么是享受服务。巴厘岛的服务人员每个人脸上都带着发自内心的笑容，无论顾客提什么要求都会耐心一一解决，不会流露出丝毫不满。同时，巴厘岛正力推电子信息服务便利化，无论在酒店、别墅、家庭旅馆或餐馆，到处都可以享受到免费的 WIFI。

巴厘岛在发展旅游的同时，还注意保护当地百姓的生活。刘志杰介绍了巴厘岛为当地百姓平衡物价的做法：旅游者的消费与岛民的消费截然分开，岛民有自己当地的平价集市，而这些集市往往是开在旅游者不会去的地方；同时，巴厘岛限制外国人买房买地，至今登巴萨市中心的黄金位置房价才 6 000 元人民币/平方米左右。

（2）有底线有特色的开发。

巴厘岛是印度尼西亚群岛的众多岛屿之一，位于印度洋以南，气候炎热潮湿，是典型热带雨林气候。巴厘岛明媚的阳光，广阔的沙滩，静谧的山谷和绚烂的霞光构成了丰富的自然旅游资源。

“巴厘岛旅游业创造了一个世界旅游业发展值得借鉴的蓝本。”国内对巴厘岛有深入研究的学者——吉林大学教授庞德良认为，巴厘岛的开发始于 20 世纪 30 年代。巴厘岛能够始终如一地维持全岛生态环境和有底线的开发，在对外开拓旅游市场时找准定位，是巴厘岛能够长期维持旅游热度和魅力的关键。

据庞德良介绍，巴厘岛成为全球性旅游热点始于 20 世纪八九十年代，投资者对巴厘岛的旅游开发也达到了极致。岛的南端形成了金巴兰、努沙杜尔、库塔等10个度假区，大量的旅游休闲度假建筑相继建成。早在1971年，巴厘省政府就已明文规定：岛上所有新建建筑必须具有巴厘岛特征。巴厘人的长远目光使得巴厘岛的传统文化以一种完美的形式传承下来，并得以弘扬。

由此，具有巴厘岛特色的旅游休闲度假建筑应运而生，融合宗教和艺术于一体的巴厘岛建筑艺术，不论结构、工艺、外观还是内部布置，都具有相当独特的整体美。巴厘岛丰富多彩的文化和独特的风俗习惯闻名于世，使该岛拥有了“花之岛”“艺术之岛”等诸多美誉，所获美称之多可以说世界上罕有与之比肩者。

庞德良说，巴厘岛还大力营造人文景观和独特旅游文化。椰子树、海滩、美食，这些在世界各地的旅游胜地并不少见，但巴厘岛却能够打出自己的品牌和亮点。“有故事的风景线才值得人们留恋。将人文景观市场化，同时不把经典传承庸俗化，是巴厘岛发展的几条原则之一。”

（3）通达的交通与多元化营销。

交通物流强大的硬件保证是一个成熟的旅游区域拥有广大市场的必要条件，巴厘岛建设了能应对巨大客流量的航空港，并与知名航空公司成为战略合作伙伴；吞吐量巨大的海港能够为旅游区域的各类物资需求提供保证。

“巴厘岛有着比较精巧的交通网络模式。”庞德良介绍说，巴厘岛的交通网络建设分为两个部分：岛外针对海外旅游者的交通异常发达，而巴厘岛的岛内交通则有着令人轻松的自由程度和浪漫色彩。靠左设置的车道、各式品牌的汽车、独具特色的三轮车……具有浓郁东南亚风情的繁乱和自由，也让旅游者感到放松。

“巴厘岛的旅游品牌战略也很值得研究。”三亚学院旅业管理学院院长助理李昭认为，巴厘岛的一个特色是借助多种手段加强文化营销。

旅游者一到巴厘岛就会被大量的旅游信息包围，从宏伟的建筑式样、装饰壁画到精美的旅游宣传册、热情洋溢的旅游咨询人员，都让人体会到浓郁的巴厘岛文化气息。

同时，巴厘岛地方政府会通过电视、广告和网络对巴厘岛的人文和自然风光进行宣传，提升巴厘岛的影响力和知名度。巴厘岛官方旅游网站则为旅游者提供了全面丰富的旅游信息，旅游者还可进行旅游产品的预定和购买。而国际会议的召开、电视剧的拍摄等公关手段，也对巴厘岛的形象宣传起到了很好的作用。

庞德良认为，巴厘岛旅游推广的一个最大特点就是多元化营销，通过采取多种营销策略优化组合的市场营销策略，开展有计划、有重点、有主题的整体宣传促销，实施政府引导、企业主导的营销策略。

3.1.4　泰国

泰王国，通称泰国，是一个位于东南亚的君主立宪制国家。泰国位于中南半岛中部，其西部与北部和缅甸、安达曼海接壤，东北是老挝，东南是柬埔寨，南边狭长的半岛与马来西亚相连。泰国是世界上最闻名的旅游胜地之一。泰国是佛教之国，大多数泰国人信奉四面佛。佛教徒占全国人口的九成以上。[①]

3.1.4.1　泰国旅游业发展历程

（1）革命前时期（1924—1950 年）。

1924 年，泰国暹罗皇家铁路局为了推动泰国旅游业的进一步发展，设立了公共关系部，这一事件标志着泰国旅游业开始发展。在君主专制时代，曼谷王朝拉玛六世（在位时间：1910—1925 年）和拉玛七世（在位时间：1925—1935 年）统治时期是泰国旅游产业最繁荣的时期。旅游产业开始受到贵族的欢迎，且泰国当时在发展铁路系统和公路系

---

① 摘自百度百科。

统（双向两个车道），所以交通很方便。因此，在夏天和冬天的时候，泰国人就开始到海边旅行或者度假。

在第二次世界大战（1939—1945 年）期间，由于泰币贬值，泰国旅游产业也受到很大的影响。第二次世界大战之后，国际旅游业开始慢慢升温，泰国政府预料到了旅游基础设施的问题，便迅速地建设旅游基础设施。

从此，泰国的外国旅游者人数一直不断地增加。尤其在 1950—1960 年，美国军队在泰国设立军事基地，引来很多美国旅游者以及其他外国旅游者到泰国旅游。

（2）冷战时期（1951—1978 年）。

1954 年，美国、法国、英国、新西兰、澳大利亚、菲律宾、巴基斯坦和泰国共同创办了东南亚条约组织，这个条约表示亚洲支持美国的冷战。泰国政府当时提出一个条件，即泰国必须作为在泰国的美国军官休闲娱乐目的地。这个条件的提出对当时的旅游产业来说是非常有利的。因为，当时泰国全国的军事基地有大约 4 万个美国军官。

在泰国的美国军官大部分都喜欢去卖淫娱乐场所，而且此类场所在军事基地的周边也很容易找到。在泰国 1960 年的法律上，卖淫是犯法的行业，但是当时的政府也没有严格地镇压此事，这意味着当时的政府也默许和支持卖淫这一行业。美国军官的到来是泰国旅游产业很重要的一个转折点。这些士兵过来的目的就是度假或者找娱乐场所，尤其是找卖淫娱乐场所。那时泰国的旅游产业与以前的旅游产业情况完全相反，以前旅游者来泰国主要是为了参观泰国的艺术文化、名胜古迹或自然旅游景点，但后来到泰国来的旅游者觉得泰国旅游产业的卖点就是卖淫娱乐场所。实际上，美国军官到来之前，泰国就已经很受外国旅游者的喜爱。但是，美国军官到来之后，泰国旅游产业就引发了很大的争论，那就是美国军官的到来究竟是推动泰国旅游产业发展还是破坏泰国旅游产业？这是因为，泰国之前不用依靠美国军官也是外国旅游者喜爱的旅游目的地（Kaosa - ardetal，1998）。无论如何，美国军官把芭堤雅变成了一个热门的旅游胜地，使芭堤雅与周围地区的住所数量迅速增加，经济也变好了。芭堤雅模型策略成功之后，泰国政府也使用同样的策略来发展其他沿海地区，促进泰国其他沿海地区的经济发展。这可认为政府给泰国旅游业奠定了良好的基础，让泰国成为更多旅游者的旅游目的地。

1960 年以来，泰国将旅游产业发挥到极致，当时的政府就成立了泰国国家旅游局（TAT）（Payakvichien，1988）。泰国国家旅游局主要负责旅游产业的发展、保护旅游资源和宣传旅游业等。

（3）现代泰国旅游产业（1979 年至今）。

1979 年，泰国政府提出了国家旅游草拟法令和旅游产业个体经营草拟法令，通过泰国国家立法议会的表决后宣布两条草拟法令成为泰国的法律，还决定成立泰国国家旅游局。成立的目的如下：

第一，促进旅游业和旅游产业发展，指导泰国人在旅游这个行业的工作。

第二，宣传泰国的自然景观、考古遗址、历史、艺术文化、运动、技术演进和各种各样可吸引旅游者来泰国旅游的活动。

第三，给旅游者提供服务方便和安全。

第四，通过旅游来促进人与人之间、国家与国家之间的友好关系。

第五，为旅游产业的发展提供参考，为旅游者建设旅游基础设施。

1981 年，泰国从旅游产业获得了大量的收入，其收入比稻米出口获得的收入还要高（Horey，1991）。从那以来，旅游产业就成为泰国主要的支柱产业之一，而且成为泰国经济发展的一个转折点——泰国从农业国家变成新兴工业化国家。

1986 年，泰国内阁已批准设立“旅游警察”，隶属警察局、成为镇压机构的一部分。他们的责任就是保证泰国旅游者的安全，减少和解决旅游者被伤害或者被抢劫的问题。1991 年，旅游公司可谓是飞速发展，同时也给旅游产业造成了很多问题，如安全问题、诈骗问题和剥削游客问题等。所以，泰国政府觉得应该制定一个法令出来控制旅游公司，以便保护旅游者的安全、管理旅游公司，使这种行业达到好的标准。

2002 年，泰国旅游和体育部（MOTS）成立，其职责是促进旅游产业的发展（也许是泰国最重要的）和在学校、其他机构的运动，管理、组织和负责泰国举办的重要体育赛事。

3.1.4.2　旅游与经济发展计划

泰国政府从 1961 年开始实行第一次（1961—1966 年）与第二次（1967—1971 年）国家经济发展计划，主要重点在于对基础建设的投资。第三次国家经济发展计划（1972—1976 年）则纳入了社会发展计划，名称也改为国家经济与社会发展计划。从这三次的经济发展计划中可以看出，泰国政府主要是采取政府在普瑞姆执政时期对旅游业的态度，于 1981 年成立公私联合咨询委员会，作为政府与企业之间的主要桥梁。

泰国政府于 1977 年正式将旅游产业纳入第四次国家经济与社会发展计划（1977—1981 年）（Nimmonratana，2000），明确提及旅游产业对于国家经济发展的重要性。在第五次国家经济与社会发展计划（1982—1986 年）中，旅游产业便被视为赚取外汇最主要的来源。经过第四次与第五次国家经济与社会发展计划的规划与执行，在第六次国家经济与社会发展计划（1987—1991 年）执行期间，泰国旅游产业出现快速成长，泰国旅游产业也进入黄金十年的高度发展时期。第七次国家经济与社会发展计划（1992—1996 年）是在泰国经济发展最高峰时期所制订的，强调的重点有两个方面：第一在于将泰国提升为区域旅游目的地；第二则强调对旅游资源的保护（Kaosa-ardetal，1998）。至于在第八次国家经济与社会发展计划（1997—2001 年）中，则将重点置于提升泰国旅游产业的国际竞争力，加强人力资源管理与环境保护等议题（Kaosa-ardetal，1998），在该计划执行的五年之中，希望可以具体达成以下三个政策目标：①外汇收入每年增加14%；②外国旅游者人数每年增加6%；③泰国国内旅游者人数每年增加2%。在第九次国家经济与社会发展计划（2002—2006年）中，泰国政府希望达到的目标有两个：①旅游产业可以经由提供就业机会来增强社群的凝聚力；②保持泰国旅游产业在国际上的竞争力等（Chaisawat，2005）。

除了上述计划以外，泰国政府也于1975年在外籍顾问的协助之下，规划第一次国家旅游发展计划（1977—1981年）（以下简称“计划”），并将其整合性纳入第四次国家经济与社会发展计划在旅游发展计划之下设立的各府旅游计划中，为中央与地方政府以及民间部门提供政策指导，共同促进旅游产业的发展（Truong，1990；Higham，2000）。泰国政府从1977年开始一共执行了五次国家旅游发展计划，在第一次计划中，虽然泰国旅游组织改组为泰国国家旅游局，但是其角色受到限制，并未发挥其管理旅游产业应有的功能。在泰国旅游业的政治经济分析二次计划（1982—1986年）中，泰国国家旅游局的权力再次获得大幅提升，并且设定明确目标，即推销泰国旅游。

第三次计划（1987—1991年）在制订时面临一些社会问题，包括贸易赤字、失业率上升与收入分配不均等。为解决这些问题，泰国国家旅游局制定了两项政策：首先强调行销工作，希望可以争取到来自欧洲与日本的旅游者；其次希望通过改善相关设施等来强化对旅游资源的开发与保护。

第四次计划（1992—1996年）延续第三次计划的方向，再度强调对于旅游资源的保护。

第五次计划（1997—2001年）执行时，执行成效因受到金融危机的影响而大打折扣（Higham，2000）。旅游产业成功扮演着推动泰国经济的火车头角色，泰国的经济呈现快速成长。从1987年设定泰国旅游年到1996年金融危机爆发之前的十年期间，可说是泰国旅游产业的黄金时期。旅游者人数从300余万人次增加到700余万人次，旅游收入更从500多亿泰铢增加到2 000多亿泰铢。对照这一时期泰国的经济增长率，除了1996年降至6%以下，其余皆维持在8%以上，经济增长率平均达到10%，可以说是泰国经济发展史上最好的十年。由此可见旅游产业对于泰国经济发展的重要性。但是此发展美景却在1997年破灭了，这也使得泰国政府在旅游产业中的角色发生了变化，开始强调与民间部门之间的合作关系。

3.1.4.3　泰国旅游产业发展的历史成效

1960年，泰国政府成立了泰国国家旅游局，主要负责国家整个旅游产业系统的开发。为了推进旅游产业持续、稳定地发展，泰国政府加强了地方政府组织建设，同时，泰国政府官方开创性地创立了一套比较完整的旅游市场监督管制系统，即泰国政府规定国内每一个省府只要是发展旅游产业的地方都需要建立一个由政府主导的旅游开发和推进委员会。在20世纪80年代，泰国政府已设立了国家旅游委员会，从而开始实行第五次国家经济和社会发展计划，泰国政府把旅游产业正式列入国家重要计划项目之一，主要内容是对旅游产业各个方面的发展在整体上作了具体规定。为了进一步加快旅游产业的发展，泰国政府加大对旅游资源的开发和旅游基础设施的改造、建设。不过，泰国政府早在20世纪60年代就开始注重旅游产业的发展而且投入了不少的资金。根据官方资料记载，当时在泰国境内已经有三十所国际国内运营机场，其中有四家是具有国际业务的国际机场；同时也加快了交通公路的建设，使泰国的公路纵横交错，四通八达，布局合理。泰国政府为了加强对外宣传力度，开世界旅游产业之先河，将1987年定为“泰国旅游年”；1988年定为“泰国手工艺年”；1992年，趁着王后西里基60诞辰的庆祝时机把这一年定为“泰国妇女观光年”。政府部门还组织编印了精致的画册以及数百种泰国风土人情录像带，以便进行宣传。

泰国政府已在日本、美国、荷兰、法国等国家设立了旅游驻外办事机构，同时，泰国政府在欧美、中东、大洋洲和非洲等地区对本国的旅游进行了进一步宣传和推广，举办了泰国旅游展览会。此外，为了将泰国的旅游产业推向国际舞台，吸引更多的国际旅游者到泰国旅游，泰国政府不断地改善和创新，利用本国丰富的自然资源、独特的人文旅游资源来奠定和发展特色旅游产业。例如，曼谷是泰国的首都，是最发达、最豪华的城市，是全国政治、经济、文化和教育的中心。尽管它是最发达的城市，但仍然保留着辉煌的名胜古迹，是现代与传统相交融的大都市，所以具有“东方威尼斯”之称。曼谷金碧辉煌的大皇宫、镂金镶玉的玉佛寺、庄严肃穆的金佛寺和四面佛等，这些名胜古迹吸引了大批的旅游者，使他们流连忘返。在20世纪70年代末，泰国政府开始注意到旅游服务的质量，为了提高服务质量，政府十分重视培养旅游专业人才。

当时，泰国旅游机构就开始创办各种各样的旅游训练所，同时也培养了大量的导游、酒店管理人才和旅游规划人才等。从意识到旅游产业发展的重要性以来，政府就充分利用本国资源的优势，积极改造、发展旅游产业，从而给泰国的社会、文化、经济和教育带来了许多综合的优势。第一，旅游产业直接为国家争创大量外汇，提高了经济效益。从20世纪80年代中期起，旅游产业就成为泰国创外汇最高的产业，超过了传统的稻米、橡胶出口产业，位居首位。2000年，泰国接待外国旅游者接近1 000万人次，外汇收入超过70亿美元。第二，旅游产业的发展也带动了其他行业的发展，如：小工业的发展。当时的政府也推进了各行小工业的发展，尤其是手工业、食品工业等。如今泰国的柚木雕刻、佛像、纸伞、泰丝、鳄皮制品等，都受到了旅游者的青睐。第三，吸引外商投资，旅游产业吸引了很多外国投资者到泰国来进行有关旅游产业方面的投资。[①] 第四，提供大量的就业机会，泰国

---

① 余宏婧，孙山．泰国旅游业发展现状与优化策略研究［J］．旅游纵览，2015（10）．

国内从事与旅游直接相关的工作的人数已超过200万，旅游产业成为泰国第三大劳动力就业领域之一。第五，促进了泰国与世界的交往，这个主要表现在泰国人的生活习惯、思想意识以及价值观等方面都发生了很大的变化。

3.1.4.4 主要旅游资源分布

泰国的面积有513 120万平方公里，人口约6 600万。泰国的行政管理分为中央行政管理（位于首都曼谷）与当地行政管理（位于全国76个行政区中）。泰国国家研究理事会把泰国分为6个地区，中部、北部、南部、东部、西部和东北部。这6个地区按照地区的人口特性、基础资源、地理、社会发展水平和经济发展水平来划分。

中部地区共有22个省府：北榄坡府（Nakhon Sawan）、甘烹碧府（Kamphaeng Phet）、披集府（Phichit）、彭斯罗（Phitsanuloke）、素可泰（Sukhothai）、碧差汶府（Phetchabun）、乌泰他尼府（Uthai Thani）、北标府（Saraburi）、华富里府（Lop Buri）、素攀府（Suphan Buri）、猜纳府（Chai Nat）、信武里府（Sing Buri）、红统府（Ang Thong）、大城府（Ayutthaya）、坤西育府（Nakhon Nayok）、巴吞他尼府（Pathum Thani）、暖武里府（Nonthaburi）、佛统府（Nakhon Pathom）、北榄府（Samut Prakan）、龙仔厝府（Samut Sakhon）、夜功府（Samut Songkhram）和曼谷（Bangkok）。

中部地区的人口和省府是最稠密的，且被称为“泰国鱼米之乡”，此外，中部还是泰国农业和产业中心。在甘烹碧府还发现油井；在坤西育府有世界最长的混凝土水坝——Khundan Prakanchon水坝。曼谷除了是泰国的首都，还是泰国最发达的城市。中部还有各种各样的旅游景点，如曼谷的玉佛寺、黎明寺、大皇宫、大城历史文化公园、素可泰历史文化公园等。

北部地区共有8个省府：清莱府（Chiang Rai）、清迈府（Chiang Mai）、南奔府（Lamphun）、南邦府（Lampang）、夜丰颂府（Mae

Hongson)、帕府（Phrae）、楠府（Nan）和拍天府（Phayao）。北部是一个有地理优势的地区，具有景色旖旎、天气凉爽、自然资源丰富、古迹众多、民族多样和历史悠久等特点。

许多外国旅游者以及泰国国内旅游者都被这些美丽景点所吸引，来到泰国北部地区游玩、观光和度假休闲旅游。清迈府是泰国北部拥有最多旅游景点的省府，不管是历史观光景点、佛塔与寺庙还是自然景观都应有尽有。清莱府有灵光寺、王太后行宫、黎敦山佛塔、富希法和清盛古城。除此以外，在南邦府有泰国大象保护中心、南邦鲁安寺等。

东北地区共有19个省府：黎府（Loei）、廊开府（Nong Khai）、那空拍侬府（Nakhon Phanom）、乌隆府（Udon Thani）、廊磨喃蒲府（Nong Bua Lamphu）、色军府（Sakon Nakhon）、孔敬府（Khon Kaen）、加拉信府（Kalasin）、莫拉限府（Mukdahan）、猜也奔府（Chaiyaphum）、玛哈沙拉坎府（Maha Sarakham）、横逸府（Roi Et）、益梭通府（Yasothon）、安纳乍能府（Amnat Charoen）、呵叻府（Nakhon Ratchasima）、武里南府（Buri Ram）、素辇府（Surin）、四色菊府（Sisaket）和乌汶府（Ubon Ratchathani）。

东北的地形是山地，所以受到喜欢登山的旅游者的欢迎。主要的旅游景点就是黎府的Phu Kradueng公园。除了自然旅游景点，东北有很多名胜古迹，比如呵叻府的披边石宫和武里南府的帕侬蓝历史公园。东北还有史前时期的考古文化，比如乌隆府的班清考古遗址和乌汶府的Pha Taem国家公园岩画等。除了上面所说的旅游景点，在孔敬府、加拉信府和色军府的富藩山脉（Phuphan Mountainrange）还发现了几种恐龙的骨骼。

东部地区共有7个省府：巴真府（Prachin Buri）、沙缴府（Sa Kaeo）、罗勇府（Rayong）、北柳府（Chachoengsao）、春武里府（Chon Buri）、尖竹汶府（Chanthaburi）和桐艾府（Trat）。

东部是泰国面积最小的地区，作为“东部沿海地区”，东部属于海岩地区，所以有海港，泰国的重要港口大部分都在东部。东部还是农产品加工成龙配套的地区。在泰国湾有天然气与多样的旅游景点，尤其是芭堤雅。芭堤雅是东部的旅游中心，每年有很多旅游者来这里旅游或者度假。东部还有很多临泰国湾和海岛的旅游景点。此外，尖竹汶府还是泰国最大的宝石切割产业和出口宝石的中心。东部还有巨大的水坝，比如普密蓬水坝、Khao Laem 水坝等，这些水坝环境优美，成为泰国的特色旅游景点。

西部地区共有 5 个省府：来兴府（Tak）、叻丕府（Ratchaburi）、班武里府（Prachuap Khiri Khan）、佛丕府（Muangphetch）和北碧府（Kanchanaburi）。西部是一个农产业成龙配套的地区，同时也有大量的旅游资源。西部也有很多历史上的旅游胜地，如北碧府的斯里那卡林水坝、桂河大桥、死亡铁路和盟军坟场等。

西部有 80 公里长的海岸线直到暹罗湾，所以西部也有很多美丽的沙滩，如：差庵沙滩、哈昭深蓝沙滩和华新等。

南部地区共有 14 个省府：春蓬府（Chumphon）、素叻他尼府（Suratthani）、洛坤府（Nakhon Si Thammarat）、宋卡府（Songkhla）、博他仑府（Phatthalung）、北大年府（Pattani）、也拉府（Yala）、陶公府（Narathiwat）、拉廊府（Ranong）、攀牙府（Phangnga）、普吉岛（Phuket Island）、甲米府（Krabi）、沙敦府（Satun）和董里府（Trang）。

南部地形多为山峦、半岛和较长的海岸线，平地稀少。但南部有很多重要的经济作物，如橡胶、棕榈、椰子、咖啡等，同时也是泰国生产锡矿最多的地区。此外，南部是世界上著名的海岛旅游景点，如最为旅游者青睐的海岛普吉岛，被喻为“安达曼珍珠”；甲米府的皮皮岛、贝壳公墓；塔如涛群岛（Koh Tarutao）国家海洋公园于 1982 年被联合国教科文组织列入东盟遗产公园和保护区的名单中。此外，在洛坤府还有玛哈泰寺和洛坤府博物馆，在素叻他尼府有 Phra Borommathat Chaiya 寺庙和 Ratchaprapa 水坝。

3.1.4.5 主要旅游景点及文化概况

从素可泰王朝以来，泰国就一直以佛教为国教，然后以菩萨的教义为生活的依据，这可以说是泰国悠久浓厚的传统习俗与文化的由来。佛教在泰国社会中成为佛教徒的精神中心，因为泰国人从出生到死去的所有活动都离不开佛教。为了能让生活与佛教之间更加贴近，于是便有了寺庙。寺庙里有和尚维持与继承佛教，而且寺庙还是个学习与传播佛教教义的地方。

泰国有很多寺庙与和尚，这使泰国被外国人称为“黄袍佛国”或者“佛教之国”（Aphichai，1996）。在泰国，佛教有很多重要的仪式，如男子出家仪式等。泰国很重视男子出家仪式，泰国男子年满 20 岁时，至少需要出家 7 ~ 15 天，长的话则需要三个月。泰国人认为，20 岁的男子已经成人了，成家之后便是家里的支柱，所以男子应该要懂得自己的责任、家庭的责任、社会的责任，更重要的是要懂得怎样承担这些责任。此外，泰国有较多的佛教节庆，如万佛节、浴佛节、守夏节、佛祖开示纪念日、佛祖结束纪念日。佛教和泰国人的一生息息相关，如新居落成、婴儿出生、生日、婚礼等场合，都要邀请法师诵经祈福。可以说，佛教是泰国代代相承的传统宗教，也是泰国人的生活重心。

宋干节是泰国的传统新年，这个节日体现出泰国独特的文化特征和传统习俗。节日的主要活动有斋僧行善（主张做人要仁慈和慷慨）、沐浴净身（浴佛），人们互相泼水祝福，敬拜长辈（向长辈行洒水礼），放生及做歌舞游戏等。这些吉祥与快乐的活动都让大部分的泰国人把宋干节当作泰国传统的新年，用水来连接友好关系。宋干节固定在每年 4 月 13 日到 15 日期间，是全国的正式假期。这时离家远的人都可以回家过节——敬拜长辈和父母、与家人和朋友团聚。除了泰国以外，缅甸、柬埔寨、老挝包括一些少数民族，如泰国的猛族、中国和印度的傣族等，也把宋干节当作新年。但是由于泰国的宋干节已经延续了几百年，而且是一个很隆重的节日，因此全世界都知道泰国的宋干节（Somchaiand Yanyong，1997）。

泰国菜被认为是泰国民族的重要文化之一，在泰国已累积和流传了很长一段时间，如今已成为泰国的饮食文化。泰国菜除了是泰国人的主食以外，还受到了许多外国人的喜爱。2012 年 CNN Travel 曾调查过世界上最好吃的50 道菜，排名榜上便有几道泰国菜，如第 1 名的泰式伊斯兰咖喱，第 8 名的冬阴功，第 19 名的肉片沙拉和第 46 名的木瓜沙拉。英国著名日报 *The Sun* 也曾经调查过世界上最受欢迎的菜，泰国菜也出现在排名榜上，如木瓜沙拉、冬阴功、榴梿和炸芭蕉。泰国菜的味道比较特别。泰国在中国与印度之间，所以泰国的饮食文化受到印度饮食文化和中国饮食文化的影响。因而，泰国菜若受到中国菜的影响就比较清淡；若受到印度菜的影响则会加入各式各样的香料，味道比较浓烈。人们比较熟悉的泰国菜有几种，比如，冬阴功、木瓜沙拉、泰式炒粉、泰式绿咖喱和泰式伊斯兰咖喱。越来越多的人喜欢泰国菜对泰国来说是一件好事，因为这样可以使泰国成为世界厨房，有助于推动泰国的经济发展。

“人妖表演”也很有名，“人妖”或者“第二种女人”在泰语中叫作“grateai”，他们是出生为男性但是想变成女人的人，无论是身体、声音还是心灵。他们希望人们把他们当成女性对待。在泰国，人妖并没有受到社会的歧视，他们可以展示自己的能力或才艺，如上电视节目、演电影等。此外泰国还有著名的人妖选美台，而最出名的、最受旅游者欢迎的就是人妖表演。人妖表演是泰国最特殊、最独特的一种表演，这种表演给泰国带来了很多收入，促进泰国经济的增长。在芭堤雅每年有不低于100 万人次的旅游者专门来这里看人妖表演。人妖表演融合了泰国传统艺术和西方艺术，成了泰国一种特色的表演。观看完人妖表演的大部分人会觉得可笑或者奇怪，不过也有不少人赞扬他们。泰国社会可以接受人妖是因为他们的才能很突出，不比正常男人和女人差，有时候甚至超过正常男人和女人。

泰国不只有独特的文化和习俗，它还被称为“微笑国度”。泰国有各种各样的旅游景点，所以每一年都吸引着世界各地的旅游者，如泰国的五大城市——曼谷、清迈府、普吉岛府、甲米府和春武里府。这五大城市为泰国的旅游产业带来了极高的收入。除了这五大城市，全国各地还有许多旅游景点。

（1）中部地区有多种多样的旅游景点。

曼谷是泰国的首都，也是泰国最大的城市。它具有悠久的历史，是佛教信仰之地。有各种各样的美食、现代化的住宿、眼花缭乱的购物商场和娱乐设施，所以，曼谷被来自世界各地的旅游者认为是世界上最适合旅游的城市。

玉佛寺位于泰国曼谷大皇宫内，建于1789年。寺内有玉佛像，每一年都会有世界各地的旅游者来观光。大城历史公园位于大城府，它作为大城王朝首都的时间长达417年，也是泰国历史上存活时间最长的首都。1991年，泰国政府申遗成功，其被列入联合国教科文组织《世界遗产名录》中。游客置身于大城历史公园中，随处可见绿荫中隐现的古迹或与现代建筑相邻的古遗址。虽然已是断壁残垣，但那些宫殿的遗堡、辉煌依旧的佛像和细致的雕刻，仍能让人吊古伤今。[①] 素可泰历史公园位于素可泰府，是泰国的第一个首都。同年，联合国教科文组织遗产委员会将建于13世纪的素可泰历史公园和与之毗邻的西萨查那莱历史公园、甘烹碧历史公园一起确定为世界遗产遗址。素可泰府有着深厚的文化渊源，很多经典文化就在这里产生，如泰语字母的制定、系统化市容的规划。尤其是建筑的艺术，素可泰时代的佛像雕刻艺术被称为泰国最经典的佛像雕刻。素可泰府还有很多大型的考古遗址，如大型的佛像。素可泰府最有名的节日就是水灯节，每一年的水

① 摘自百度百科。

灯节都会有很多国内外旅游者专门到这里来观光。

（2）北部地区是古代的文明胜地。

泰国北部地区主要是由热带植物的栖身之地——连绵的群山所组成。清迈府的自然环境优美，濒临湄南河支流湄滨河。泰国最高的山——杜英沙那山位于清迈府，最高峰的海拔达2 565米。除了自然旅游景点，北部还有很多名胜古迹，如清迈府的普拉素贴寺，楠府的帕达彻杏寺。此外，南邦府最著名的就是南邦大象保护中心，是世界上唯一的大象保育中心。旅游者在这里不但可以观察大象的野生习性，还有机会看到大象画画和演奏乐器。

（3）东北部地区是古老文明的发源地之一。

国内外的历史学家和考古学家都承认泰国东北部地区是世界最古老文明的发源地之一。在 Pha Taem 国家公园发现史前时期的岩画；在乌隆府班清的小村庄发现世界上第一个青铜时代文明发源地并且被认为早在5 000～7 000多年前这里就开始繁荣了。此外，东北部地区还有很多历史遗址，如高棉族寺庙曾经是吴哥帝国最重要的城；还有武里南府的巴塞帕侬蓝寺和巴塞探寺。东北部地区还有壮丽的自然美景，如黎府最雄伟的山脉 Phu Kradueng，猜也奔府的暹罗郁金香花田。东北部地区的传统文化与习俗，有益梭通府的火箭节，是庆祝每年五月雨季的典礼。火箭是自制的，有一些能够向天空发射数百米，向雨神表达敬意，保佑全年有丰富的食物，人们也能过得快快乐乐。

（4）东部地区有着大量的岛屿。

东部地区是一片美丽的岛峰与大海，环绕着大片的森林和果园。东部也有各种景点，如尖竹汶府的 Old Town Chanthaboon Waterfront，这里有泰国一百年前的建筑物，且这些建筑物融合了泰国、中国和越南的建筑艺术。另外，在桐艾府还有象岛和阁骨岛。象岛是泰国第二大岛，小于普吉岛，它成为泰国东海的岛峰天堂，是广受欢迎的旅游目的地。此外，象岛曾经是泰国与法国发生海上战役的地方。阁骨岛是泰国第四大岛，是一座原始的岛屿，离大陆比较远，显得很安静和不那么发达。这里有着原始的海滩和晶莹剔透的海水，被称为“东海的安达曼”。在春武里府，最出名的旅游胜地就是芭堤雅。以前，芭堤雅只是一个小小的渔村，但是现在变成了东部最发达的旅游胜地。芭堤雅集中了繁荣的商业与服务业，有很多吃、喝、玩、乐的地方，如饭店、购物商场、纪念品商店以及各种各样的娱乐场所等。春武里府有个延续了100多年的习俗——赛水牛（Running Buffalo）。赛水牛的习俗源于以前农民在收获季节来临之前，把去年吃不完的食物拿出去卖，在市场买卖的时候互相聊一聊，之后就决定拿自己养的水牛来比赛。从此以后，赛水牛就成为东部一个特色的习俗。

（5）西部地区有着数量众多的名胜古迹和国家公园。

在北碧府有很多旅游景点，如斯里那卡林水坝、桂河大桥、死亡铁路和盟军坟场等。此外，佛丕府也有很多名胜古迹和国家公园，如考旺山历史公园、敬咖赞国家公园等。同时考旺山历史公园里面还保存着皇家的一些古物，如拉玛四世和拉玛五世使用的一些日常用具，用于装饰的合金像与黄铜像，中国、日本和欧洲的瓦器。西部地区也有自然景点，如来兴府蕴朋县的Thi Lo Le瀑布，它是泰国最高、最大的瀑布，高度大约300米，宽度大约500米，瀑布的四周环绕着郁郁葱葱的森林和自然径。

（6）南部地区被称为岛屿与美海的胜地。

普吉岛是一座风景壮丽的岛屿，现已成为世界上著名的海滩旅游胜地，也是泰国南部最大的岛屿。此外，普吉岛还拥有悠久的历史文化，是印度与中国的主要贸易路线之一。过去，普吉岛就是港口和商贸中心，锡矿是普吉岛主要的矿产之一，因此其主要依赖锡矿来发展。尤其在泰国拉玛五世时代，有很多中国福建人迁徙到普吉岛定居。普吉岛有很多殖民时期的建筑，建筑的装修细节充满着中国文化特色，这些都成为普吉岛独特的风景。除了普吉岛，南部地区还有皮皮岛。

皮皮岛是世界上十大最美岛屿之一，是世界著名的旅游胜地，被称为“安达曼的绿石头”“皮皮岛屿天堂”。皮皮岛是安达曼海的群岛，位于甲米府，由两座大岛屿——Phi Phi Don 和 Phi Phi Le 组成。Phi Phi Le 是好莱坞大片《海滩》的外景地。此外，它还是一个适合潜水的地方，受到潜水爱好者的欢迎。南部不只有美景，它还有独特的习俗与文化，其中最有名的是普吉岛的斋节，陶公府的赛龙舟、皮影戏表演，以及泰国南部的移民歌舞玛奴拉等。

泰国自古以来就是一个有着独特传统文化与习俗的国家。泰国人的性格普遍温顺、胸怀开阔，有着安详、平和的心态，对其他文化的包容度高，并且把吸收进来的文化变成泰国独特的文化。因此，泰国人的生活、语言、饮食和各种仪式都包含着深厚的文化意蕴，而且各个地区都有自己独特的文化。这些文化是泰国的重要资源，除了给旅游产业带来收入外，还有助于促进泰国的经济发展。

2012 年，中国电影《人在囧途之泰囧》（以下简称《泰囧》）在泰国清迈府取景，电影热播后，给泰国旅游产业带来了巨大惊喜。泰国国家旅游局东亚市场部处长田 · 吉拉坤 2013 年底接受中国媒体采访时透露，2012 年中国赴泰国旅游人数为 252 万人次，这一数据远超往年，其中前往清迈府的中国旅游者就达 10 万人次。因《泰囧》热映时正值春节，春节选择前往泰国旅游的中国旅游者人数也出现爆棚。数据显示，春节期间报名参加泰国团队游、自由行的国内旅游者高达数万名，比去年同期增加 3 倍，泰国游价格也水涨船高。更有报道称，受《泰囧》影响而大量增加的中国旅游者使得泰国的华语导游出现严重短缺，清迈府仅 1 000 余名的中文导游远远不能满足需求。[①]

2013 年 3 月 13 日，徐峥以及摄制组工作人员在泰国驻华大使丘伟汶的带领下，在泰国总理府拜会时任总理英拉。英拉感谢该电影的全

---

① 《泰囧》促进“中泰友谊”　好一部旅游宣传片？[EB/OL]．搜狐，http：//m. sohu. com/n/388050963/.

体工作人员为泰国旅游产业作了一次很好的宣传，电影内出现的旅游景点也因这部电影而在中国名声大振。一部电影的导演因影片拉动拍摄地旅游产业的发展而受到该国政府最高领导人的接见，《泰囧》可谓开了历史先河。泰国旅游产业到底因《泰囧》受益多大，从中可见一斑。[①]

3.2 案例启示

不同案例均有其成功经验，本书从每个案例中寻找对崇左市旅游产业发展最具借鉴意义的，同时最有可能为我所用的经验，并梳理如下。

第一，采取融入大区域旅游策略，是偏远城市旅游产业发展的重要突破口。云南省丽江市作为我国西南偏远城市，其旅游产业发展成绩有目共睹，云南已成为家喻户晓的此生必去目的地之一。通过采取区域旅游发展的融入化战略，云南旅游达到了"1 + 1 > 2"的绝佳效果，各市也从中获益，树立了自己的旅游品牌，旅游产业发展进入"快车道"。崇左市地理区位也较为偏远，如何融入大区域旅游策略并从中树立自己的品牌，是崇左市未来旅游产业发展中需要重点考虑的问题。

第二，主打生态环境牌，是边关城市、三四线城市旅游产业发展的重要手段。西藏自治区林芝市作为西南边关城市，与崇左市有一定的相似之处。林芝市经济水平较低，旅游资源欠缺，旅游产品打造不足。然而，它具有优良的生态环境、原生态的自然景观，在自然环境质量方面可以进入全国顶级行列。凭借着生态环境的优势，林芝市在旅游产业发展中主打生态牌，以生态旅游为拳头产品，积极投入基础设施建设，走出了一条特色发展道路，成为西藏旅游中重要目的地之

① 陈成.《泰囧》带火泰国游　泰总理英拉接见徐峥［N］. 成都晚报，2013－03－19.

一。同时，林芝市注重对生态环境的保护，在“金山银山”与“绿水青山”中找到了较好的平衡点。生态环境亦是崇左市的优势之一，借鉴林芝市的经验，如何走出一条自己的生态旅游之路值得深思。

第三，采取差异化发展策略，是区域旅游融合与竞争的重要途径。在旅游发展起步较晚，且旅游资源在区域内存在雷同的情况下，采取差异化发展战略是解决旅游产业发展宏观战略问题的重要途径。坚持有特色有吸引力的旅游产业发展，是巴厘岛能够长期维持旅游热度和魅力的关键。如果大众旅游已经占据优势，那么旅游地就要开发面向特定市场的替代性旅游产品，而不是在大众旅游市场中与其他较为成熟的旅游地竞争。以相同或类似的旅游产品与成熟的旅游地竞争，难度无异于虎口拔牙。采取差异化的发展战略，另辟蹊径，一来可以避免与成熟的旅游地的竞争；二来可以通过不同的旅游产品或服务融入区域旅游中，从而分流成熟的旅游地的旅游者，在合作与竞争两方面都能择善而行，这无疑是后来者发展旅游产业的较佳路径。

第四，深度发掘地方特色文化，是区域旅游产业发展的重要根基。巴厘岛之所以能从一个小岛发展成国际旅游名岛，依靠的不仅仅是自然景色优美迷人，更在于他们将浓郁的巴厘岛文化气息深深地植入绮丽的景物中。例如，早在 1971 年，巴厘岛政府就已明文规定：岛上所有新建建筑必须具有巴厘岛特征。文化是旅游产业发展的一个至关重要的根基，一个没有本土特色文化的城市是很难持久地吸引外来旅游者到本地旅游观光的。巴厘岛的庙宇建筑、雕刻、绘画、音乐、纺织、歌舞、美食，处处向旅游者传达富有人文色彩的巴厘岛文化，其与沙滩、碧海、蓝天融为一体，形成了独一无二的美丽，吸引着全世界无数的旅游者纷至沓来。

第五，吸引知名影视剧与综艺节目前来取景，是旅游地宣传营销的重要催化剂。《泰囧》给泰国旅游带来的巨大促进作用值得我们深思。旅游地宣传营销的方式在不断创新，新颖的方式会放大宣传的效果，起到事半功倍的作用。携程网的一次调查显示，旅游者对影视拍摄地认可度较高，83%的参与调查者会因为一部喜欢的影视作品而想去拍摄地旅游；91%的参与调查者认为，相比一些商品在影视剧中的植入式广告，旅游目的地作为拍摄地在影视中作宣传，更能让观众接受。

用影视剧带动拍摄地的旅游产业，国内外成功的案例数不胜数：《指环王》和《霍比特人》使有着“魔法风景”资源的新西兰成为全球热门的旅游胜地；一部《阿凡达》让中国的张家界声名远扬；《庐山恋》更是让庐山成为浪漫爱情的代名词；冯小刚的贺岁片《非诚勿扰》一夜之间让日本的北海道红遍中国，而杭州西溪湿地的房价也因此居高不下；《让子弹飞》和《一代宗师》这两部作品，让广东省开平市的旅游大红大紫，片中众多的碉楼、骑楼和民国建筑吸引全国众多旅游者纷至沓来；《碟中谍4》的热映带动了迪拜旅游，有旅行社及旅游网站更是迅速推出了“碟中谍主题团队游”；《2012》中出现过的美国黄石公园、夏威夷、中国西藏，以及墨西哥玛雅文明核心区等成了许多旅游者最想去的地方；李安导演的《少年派的奇幻漂流》在造就高票房、勇夺奥斯卡的同时，也带火了原本冷清的印度旅游产业。

热播剧《花千骨》就曾在崇左市大量取景，崇左市委、市政府及相关部门应借此机会大力宣传，借东风之力，兴崇左旅游。诚然，类似的机遇也应当主动争取，通过提供政策支持、便利的服务等措施吸引高质量的影视剧和综艺节目来崇左市取景，这也不失为一个有效的途径。

4 崇左市旅游产业发展背景

崇左市位于中国西南边陲，东北部与南宁市相邻，东部与钦州市毗邻，东南部与防城港市相接，西北部与百色市相邻，西及西南部与越南接壤，处于华南经济圈、西南经济圈和东盟经济圈交汇的中心地带，处在“南宁—谅山—河内—海防—广宁”经济走廊的大通道上，这造就了崇左“沿边近海连东盟”的得天独厚的区位优势和地缘优势。全市边境线长533公里，占广西陆地与越南接壤边境线总长的83.7%，是广西陆地边境线最长的地级市；友谊关口岸是广西第一个投入使用的电子口岸，是广西三大口岸之一，与凭祥、水口3个国家一类口岸和平而、爱店、科甲、硕龙4个地方二类小额贸易口岸以及14个边民互市贸易点构成崇左市多层次的沿边开放合作平台；中国在陆路边境线上设立的第一个综合保税区——广西凭祥综合保税区，是国内目前唯一一个与境外真正实现“贴边发展，互联互通，无缝对接”的综合保税区，是中国口岸功能最全、流程最顺畅、信息化程度最高的综合保税区，也是中国—东盟陆路边境线上面积最大、通关最便捷的口岸作业区。[①]

① 摘自崇左市官网，http：//www.chongzuo.gov.cn。

4.1　自然背景

崇左市自然环境优越，气候宜人，光照充足，空气优良，植被覆盖率高，地形蜿蜒起伏、形态多变。

4.1.1　土地资源

崇左市土地总面积17 351平方公里，其中耕地面积52.02万公顷，人均耕地面积高于广西平均水平；园地面积4.65万公顷；林地面积75.28万公顷；城、镇、村及工矿用地面积4.14万公顷；交通运输用地面积2.50万公顷；水域及水利设施用地面积4.30万公顷；其他土地面积23.88万公顷。全市有3.23万公顷的国有农林场土地可以盘活，土地后备资源丰富。

4.1.2　矿产资源

崇左市地处桂西矿产资源富集区南段，矿产资源较为丰富，已发现有煤、锰、铁、钨、铋、铜、铅、锌、金、银、锑、汞、铝、镍、钴、锗、镓、镉、稀土、铀、磷、重晶石、水晶、黄铁矿、独居石、石灰石、膨润土、高岭土、白云岩、砂岩、页岩、黏土、硅石、花岗岩、大理石、方解石36个矿种，已经查明资源储量的矿产地有60处，优势较为明显。具备规模化开采条件的矿种包括锰、膨润土、铁、煤、石灰石5个矿种。

4.1.3　水资源

崇左市水资源较为丰富，人均水量3 800立方米（全国人均水量为2 200立方米）。崇左市地处亚热带，气候湿润，雨量充沛，多年平均降雨量为1 061～1 592毫米，其中崇左市区为1 196毫米。辖区河系发达，河流众多，流域集水面积在200平方公里以上的河流有左江、明江、黑水河、驮卢河、派连河、客兰河、汪庄河、下雷河、明仕河、双侠河等31条。市内最大的河流左江流经龙州县、宁明县、崇左市区、扶绥县。市辖区内多年平均水资源总量103.5亿立方米。全市有大、中、小型水库241座，其中库容1亿立方米以上的大型水库2座，1 000万立方米以上的中型水库15座，小型水库224座，总库容19.4亿立方米左右。水库水质基本符合饮用水标准。

4.1.4 动物资源

全市有野生动物4纲33目114科679种。其中国家一级保护动物有白头叶猴、黑叶猴等15种；国家二级保护动物有猕猴、穿山甲等88种；广西重点保护动物有红耳鹎、花姬蛙等112种。白头叶猴分布于扶绥县、江州区、宁明县境内。全市有白头叶猴约120群937只（含16只独猴），其中崇左白头叶猴自然保护区有110群858只白头叶猴（岜盆片77群552只、板利片33群306只），弄岗国家级自然保护区有10群79只。

4.1.5 植物资源

2012年，全市林业用地面积100.13万公顷（含中直、区直单位，下同），占全市国土总面积的57.9%。森林面积93.31万公顷，占林业用地面积的93.19%，森林覆盖率53.8%。全市有野生植物230科1 170属2 896种，其中国家一级保护植物有望天树、叉叶苏铁、石山苏铁等9种；国家二级保护植物有蚬木、海南风吹楠、任豆等32种。广西重点保护植物有凹脉金花茶、剑叶石斛、海伦兜兰、观光木等150种。古树名木主要有蚬木、榕树、人面果、苦丁茶、盆架子、扁桃、樟树、龙眼、见血封喉、木棉、金丝李、乌榄、马尾松、枫香、侧柏等共300多株。

4.1.6 旅游资源

崇左市历史文化悠久，旅游资源丰富。主要旅游景点有：世界八大斜塔之一的崇左归龙斜塔、崇左石景林景区以及弄官白头叶猴生态公园；国内具有国际意义的陆地生物多样性14个关键地区之一，地跨龙州县和宁明县的弄岗国家级自然保护区；国家重点名胜景区、代表壮族先民文化的左江花山岩画；世界第二大、亚洲第一大的德天跨国瀑布景区，明仕田园；中国九大名关中唯一的边关凭祥友谊关等。此外，还有古老神秘的边关历史文化景观，如大小连城、边关古炮台、红八军纪念馆等。其中，左江花山岩画被列为国家级风景名胜区，大新德天跨国瀑布景区、凭祥友谊关、凭祥红木文博城景区为国家4A级旅游景区，形成独具特色的“南国边关风情游”旅游路线。

4.1.7 气候资源

崇左市总体的气候特点为：气温、降雨量正常，日照偏少近两成。全市年平均降雨量1 261毫米，其中前汛期（4—6月）和后汛期（7—9月）雨量正常，1—3月雨量略少，6—8月主汛期雨量正常，10—12月雨量偏多。主要气候事件有春季低温阴雨、台风、冰雹、大风、暴雨和干旱等。

崇左市年平均气温22℃。1月和2月平均气温异常偏低，4月平均气温异常偏高，5月、10月和11月平均气温偏高，其余月份大部分正常。

2012年崇左市年日照时数为1 322个小时，比历年同期平均值偏少近两成。各县（市、区）日照时数介于1 079～1 516个小时之间，与历年同期相比偏少1～3成；其中1—2月异常偏少，5月和7—10月为正常，其余月份偏少4～6成。

据广西环保厅监测数据，2015 年上半年崇左市空气质量优良率达 81.2%。全年光照充足，且光、水同季。夏长冬短，作物一年三熟，林木四季可长，崇左市素有“绿色宝库”之称。

总体来说，崇左市地处北回归线以南，属亚热带季风气候区，气候温和，雨量充沛，旅游资源丰富。

4.2 经济背景[①]

崇左市经济总量和人均收入相对较低，但增速较快，产业结构不断优化，经济实力在不断增强。2014 年，全市地区生产总值 649.72 亿元，总量排名全区第十位，较上年增长 11.1%，增速排名全区第 8 位，保持在合理增长区间。财政收入 73.16 亿元，比上年略有增长，总量保持在全区第 9 位；固定资产投资达 548.64 亿元，比上年增长 21.7%，增速高于全区平均水平 5 个百分点，位居全区第一。外贸进出口总额 146.94 亿美元，比上年增长 43%。其中，出口额为 131.80 亿美元，比上年增长 35.1%；进口额为 15.14 亿美元，增长 191.9%。进出口差额（出口减进口）116.66 亿美元。从出口主要产品看，机电产品出口总额 59.44 亿美元，比上年增长 82.3%；纺织品原料及其制品出口总额 51.66 亿美元，增长 1.9%；农副产品出口总额 7.05 亿美元，增长 21.1%。实际利用外资 6 329 万美元。

① 摘自《崇左市 2014 年国民经济和社会发展统计公报》。

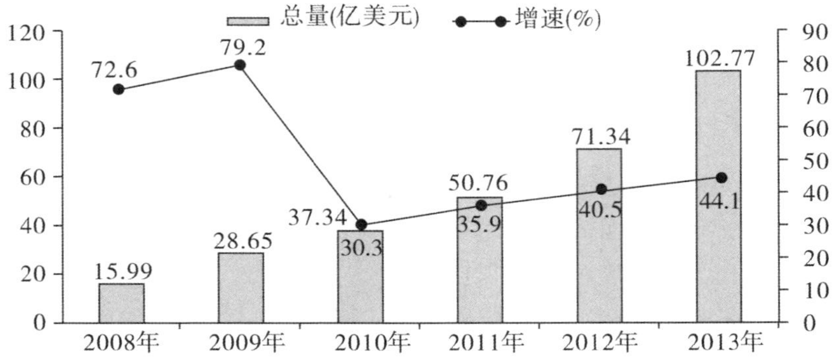

图 4－1　崇左市 2008—2013 年对外贸易进出口总额及增长速度

2014 年城镇居民人均可支配收入 23 184 元，居全区第 13 位，同比增长 8.9%；农村居民人均纯收入 7 707 元，居全区第 11 位，同比增长 8.9%。支柱产业由“糖、锰”发展为“糖、矿、红、绿、贸易”五大产业齐头并进的格局，实现了从小到大、从单一到多元、从农业主导到工业主导的历史性跨越。全市综合经济实力从建市之初的靠后位置提升到全区中等水平，崇左市从过去的边关小镇发展成为“中国糖都”“中国锰都”“中国红木之都”“中国边贸重市”。南宁—崇左—凭祥对外经济带建设步伐加快，成为崇左市开放合作的重要平台。与东盟国家及粤港澳地区和北部湾经济区的国际及国内合作不断加强。2014 年全市外贸进出口总额 146.94 亿美元，比上年增长 43%，增幅分别高于全国、全区平均水平 39.6 个百分点和 19.5 个百分点，进出口总额占广西进出口总额的三分之一，连续 6 年排名广西第一；出口总额占广西出口总额的二分之一，连续 8 年排名广西第一。边境小额贸易进出口总额跃居全国首位，成为中国边境贸易第一大市。今日的崇左市，已经从原来的边陲“末梢”，变成中国面向东盟开放合作的前沿阵地。

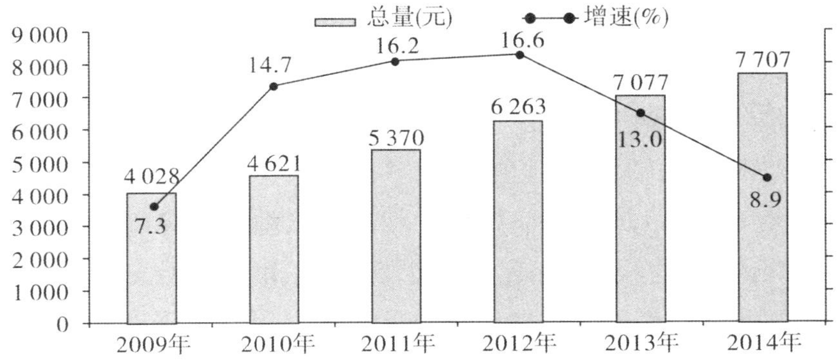

图 4－2　2009—2014 年农民人均纯收入及其增长速度

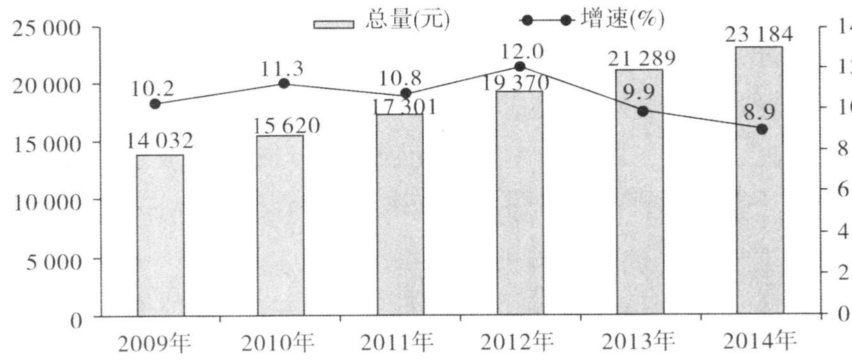

图 4－3　2009—2014 年城镇居民人均可支配收入及其增长速度

4. 3　社会文化背景

崇左市是少数民族集聚区，其中以壮族文化为主要文化，同时还有左江花山岩画文化、大石铲文化、恐龙文化、崖棺葬文化、土司文化、战争文化等。2013 年末，全市户籍总人口 246. 52 万，其中常住人口 202. 81 万，城镇人口 68. 96 万。崇左市是以壮族为主体的少数民族聚居地区，其中壮族人口最多，约占总人口的 88. 5%，除壮族、汉族、瑶族为世居民族外，还有苗、侗、京、土家、仫佬、布依、黎、毛南、回、彝、水、仡佬、满、傣、白、蒙古、朝鲜等34个散居少数民族。

独特的地理位置孕育了浓郁的壮族边关文化。崇左市自古以来为壮族先民骆越民族聚居之地。早在五万年前，左江流域就有早期人类活动，崇左市绿青山矮洞文化遗址和“柳江人”同属于旧石器时代晚期。两千多年前，壮族先民骆越民族就创造了灿烂的花山文化，散落在左江河畔的岩画群至今仍是千古之谜。崇左市革命历史悠久，与独特的边关文化交相辉映。古老的土地见证了反侵略、反封建、反压迫的历史：1885年，清代名将冯子材在这里奋起抵抗法国侵略者，镇南关大捷闻名中外；1907年，革命先行者孙中山在这里亲自打响反清第一炮；1930年，伟大的无产阶级革命家邓小平在这里组织和领导了震惊中外的龙州起义，建立了中国工农红军第八军和左江革命根据地。

1956年，考古工作者在广西壮族自治区西南边境，即现在的崇左市境内发现原始社会残存的三层堆积物，堆积物的第三层为灰黄色文化堆积，胶结坚硬，内部含丰富的动物化石，其中以淡水螺蛳壳、蚌壳及鱼牙、鹿类等动物化石居多。此外，广西壮族自治区博物馆考古工作队的工作者在濑湍、太平、新和、四坝、云吞岭、农里、岜白、那隆8处发现一些打制燧石刮削器、石片等崇左市壮族先民创造的文化遗物。这些石器主要是新石器时代的石斧、石铲、石锤、石环等。

1973年10月，崇左市左州乡龙合村咘罗屯出土了一面唐朝铜鼓，标志着崇左市青铜文化可追溯至唐朝，这面铜鼓被列为崇左市少数民族文化遗产保护对象，成为崇左市少数民族的青铜文化艺术瑰宝之一。

明清时期，居住在现在崇左市的汉族人民多达500人，促进了壮族和汉族两个民族之间的文化交流。彼时，朝廷建造了归龙斜塔，镌刻江州石狮、石龟、太平镇石牛、石碑，开辟白云洞、碧云洞、龙井、金柜山“八字”壁题字等文物胜景，设立府、州、县学、书院、义学，举行童试。因此，这一时期成为崇左市历史文化发展的昌盛时期。[①]

新中国成立后，全国各地开始积极发展经济。2003 年，崇左市有 38 个文化事业机构。其中，市级群众艺术馆 1 个，县级文化馆 7 个；图书馆 7 个，市级 1 个，县级 6 个；市级文物管理局 1 个，县级博物馆 2 个，文物管理所 4 个；县级文工团 7 个，市级文化市场管理办公室 1 个，县级文化市场管理办公室 7 个，市级演出管理处 1 个。崇左市公共图书馆藏书 56 万册，其中市图书馆藏书 10 万册。崇左市有县级公共演出场所 5 个。2004 年 12 月，崇左市举办首届花山艺术节。2005 年，崇左市广播电视实现“村村通”，入户率 91.7%。

2006 年，崇左市有 37 个文化事业机构。其中，市级群众艺术馆 1 个；县级文化馆 7 个；图书馆 7 个，市级 1 个，县级 6 个；市级文物管理局 1 个，县级博物馆 3 个，文物管理所 3 个；县级文工团 7 个，市级文化市场管理办公室 1 个，县级文化市场管理办公室 6 个，市级演出管理处 1 个。崇左市公共图书馆藏书 58.68 万册，其中市图书馆藏书 11.01 万册。崇左市有县级公共演出场所 5 个。

2014 年末，全市群众文化事业机构 8 个，县级以上公共图书馆 7 个，文物机构、博物馆 9 个。市广播节目综合人口覆盖率为 95.62%，电视节目综合人口覆盖率为 96.9%，有线电视入户率 24.1%。全市共有医疗卫生机构 1 437 个。其中，医院 23 个，乡镇卫生院 92 个，采供血机构 3 个，专科防治所（站）6 个，卫生防疫机构 7 个，卫生监督检验所（站）8 个，妇幼保健机构 7 个。卫生机构人员 14 453 人，卫生技术人员 9 887 人，其中执业医师 2 310 人，执业助理医师 855 人，注册护士 3 995 人。医疗卫生机构床位 7 453 张，其中医院 4 175 张，乡镇卫生院 2 716 张。

崇左市的风俗主要有：采茶舞、抢花炮、壮族花朝节、壮族斗牛、

① 崇左市［EB/OL］. 广西地情网，http：//www.gxdqw.com/bbw/bbwjjqjj/200906/t20090615_6631.htm.

南路壮剧、壮族“鬼节”等。戏剧除粤剧（腔调与广东粤剧一样）外，还有采茶戏、采调戏。

崇左市采茶舞主要流行于驮卢、那隆、左州等地。清光绪二十年（1894），钦州一个打瓦师傅到驮卢圩灶瓦村打瓦，顺便教老百姓采茶戏，还到附近的更别村、屯村、更懒村、伏廖村传授。1918 年，邕宁区那陈村民间艺人赖福栈来到那隆、群黎、左州、渠茗、弄棪村教唱采茶戏。此后，外地采茶戏开始传入崇左市。经过四五代人的流传，流行于崇左市的采茶戏，其内容多以反映壮族人民劳动生产、生活、爱情为主旋律。

采茶舞是由当地群众组织采茶队来排演的，扮演人物有茶公、茶娘、歌伴、书生或财主等。新中国成立后，妇女参加了采茶队，“茶娘”不再由男演员担任，每队的演员也增加到 20 ~ 30 人，演唱场地从在一张竹单上表演到走上大舞台。民间采茶队出演一般在正月初一到二月上旬，以恭贺新年、庆贺丰收、祈求太平为表演目的。采茶舞有开台茶（恭茶）、乃茶、十送茶、老正茶、洋红茶等 10 多种表演形式。

采茶舞的服饰，男演员头戴黑色彩绣头圈，腰缠红腰带，脚穿黑布鞋。不同角色穿不同服装，有白色对襟上衣、白长裤、蓝长裤、红背心或黑背心等，均镶上各色彩线。女演员戴红色彩绣头圈，脚穿绣花鞋。有的穿淡黄色壮族斜襟上衣、红色百褶裙，也有的穿红色大襟衣、青色长裤等。采茶舞用的道具有麒麟、凤凰、花篮、花伞、彩扇、铜钱鞭等。伴奏乐器以二胡、笛子、唢呐为主，再伴以锣、鼓、钹等打击乐。随着社会发展，采茶舞由原来群众自发组织发展到乡镇、县文艺团体来排练演出。20 世纪五六十年代，“六人斗金花”“九龙摆尾”的采茶舞参加广西壮族自治区文艺会演获得优秀奖。1981 年以后，经过艺人改编的采茶剧《改风水》《绿叶扶花》《选女婿》等先后参加南宁地区、广西壮族自治区文艺会演。《绿叶扶花》还获得南宁地区 1985—1986 年剧本创作三等奖。崇左市采茶舞现在仍在不断创新，但其音乐曲调、表演动作、服装道具均保持了原来的风格。①

抢花炮是崇左市左州镇人酷爱的一项具有民族特色的体育活动。左州镇开展抢花炮活动历史悠久，其起源于左州镇一座于清康熙三十一年（1692）兴建的金山观音庙的传说。传说这座金山观音庙能显灵，凡是到庙里祈祷的人都能消灾解难。人们为报答观音的恩赐，从道光年间起，每年农历二月十九在金山脚下举行抢花炮、舞狮、舞龙、舞麒麟活动。年复一年，农历二月十九便成为当地传统节日。左州镇抢花炮一般进行三场，第一场抢头炮，又名“丁炮”，寓意人丁兴旺；第二场抢二炮，又名“财炮”，寓意财源广进；第三场抢三炮，又名“贵炮”，寓意加官晋爵。新中国成立后，破除了其中的迷信观念，并进行了改良，形式上仍有头炮、二炮、三炮之分。现在，“花炮”为一圆形铁环，置于送炮器上，靠送炮器引爆的冲力将铁环射向高空。参赛的队伍每队 10 人。抢炮前，各参赛队站立场中，裁判以哨声为令。令下，送炮器将铁环射向数十米高空，各队蜂拥而上，队员配合默契，用挤、扳、钻、藏、护、传、拦等技巧，经长时间争夺后以送到裁判席的为胜。20 世纪 90 年代，抢花炮已成为全国少数民族传统体育运动会的竞赛项目之一。②

每年农历二月初二是广西宁明、龙州一带壮族人民的传统节日花朝节。花朝节是纪念百花仙子的节日，传说她降于这天。她喜欢木棉树，因为它长得挺拔粗壮，春来满树红花，鲜艳如火。她常栖于木棉树上，佑护大地百花灿烂，人间安宁，因此节日选在有高大木棉树的地方庆祝。男女青年们从四面八方云集而来，他们穿着民族盛装，怀揣五色糯米饭、糍粑或粽子等食品，带上为情人准备的头巾、千针底新鞋等礼品，尤其不能少了精心绣制的绣球。绿丛中三五成群，对唱

① 崇左采茶舞——民风民俗［EB/OL］. 深圳旅游网，http://www.lvyousz.com/news/12209.

② 姜勇，王天一. 论壮族传统体育“抢花炮”的社会价值和现实意义［J］. 太原城市职业技术学院学报，2010（1）.

山歌，赞情侣、夸对方、求连情，同时歌颂百花仙子的纯洁、美丽。唱到情深意醉时，绣球便带着无限的柔情，像彩虹一样飞向自己的心上人。一时绿丛中彩球飞舞，给歌场增添了无限的趣意。夕阳时分，人们按照传统习俗，从四周把绣球向木棉高枝抛去，于是一道道彩色的球形“闪电”划过天空，五彩缤纷，令人眼花缭乱。抛掷过后，木棉树上彩球累累，宛如仙子霓裙。人们用这种方式祈求百花仙子降福。①

除此之外，全市非物质文化遗产丰富，比如龙州县文化馆、凭祥市文化馆联合编制的《天琴艺术》，市群众艺术馆编制的《左江壮族民歌》，宁明县文化馆编制的《宁明瑶族服饰工艺》，江州区文化馆编制的《左州花炮节》，凭祥市文化馆编制的《大连城武圣宫庙会》，大新县文化馆编制的《高腔山歌——诗雷》，天等县文化馆编制的《壮族打榔舞》《壮族霜降节》《壮族拜囊海》《进远石雕技艺》《指天椒加工技艺》11 个节目已被列入自治区级非物质文化遗产保护名录项目；2014 年 6 月，天等县编制的《壮族霜降节》已被列入第三批国家级非物质文化遗产保护名录公示名单。

4.4 交通背景

崇左市交通便捷，总体可达性较高，但由于区位偏远、知名景点分散，各个景点的可达性偏低。崇左市地处通往东盟各国的大陆桥上，具有沿边、沿高速、沿铁路、近海湾、邻首府的优势。崇左市有宁明、龙州、大新、凭祥 4 个县市，与越南接壤。崇左市还是中国南部边境线上唯一有铁路、公路与国内大交通网相连的陆路口岸城市。公路方面，到 2014 年底，崇左市公路总里程 7 015. 673 公里，管养里程 4 570. 492 公里，增长了 81. 173 公里。其中高速公路 204. 342 公里，占 2. 955%，

① 摘自崇左市官网，http：//www. chongzuo. gov. cn。

一级公路13.197公里，占0.188%；二级公路629.569公里，占8.974%；三级公路1 033.347公里，占14.729%；四级公路4 566.918公里，占65.096%；等外公路574.651公里，占8.190%，公路密度40.44公里/百平方公里。全市76个乡镇，通水泥（沥青）硬化路面100%；行政村754个，已通公路（含等外公路）754个，通车率100%；已通等级公路行政村754个，等级公路通村率100%，其中通水泥（沥青）硬化路面行政村660个，硬化率87.53%。到2014年已实现通车的高速公路有：南宁至友谊关高速公路、崇左市至钦州高速公路。崇左市距南宁、北海、钦州、防城港市分别只有130公里、206公里、138公里、126公里，距中越边境仅75公里。

市区现有1个长途汽车客运站，全市共开通客运班线276条，其中，至广东省、贵州省等跨区班线49条，至钦州、南宁、防城港、百色、贵港等区内跨市班线79条，农村客运班线128条。

市域公共交通方面，崇左市共有公共交通线路10条，线路总长度165.5公里，共有车辆62辆，具体情况见下表。

崇左市共有各类边境口岸11个，其中国家一类口岸3个：凭祥、友谊关、水口口岸。

铁路方面，通过湘桂、黔桂、黎湛、南防、南昆等干线，北与全国各干线相连接，向东可达湛江、广州，向南可达钦州、防城港、北海，西南可至越南河内。

航空方面，崇左市没有机场，但距南宁吴圩机场仅90公里，航线直达国内主要城市（含香港）及河内、曼谷等城市。

崇左市公共交通一览表

序号	线路序号及名称	线路长度（公里）	途经站点	运行车辆（辆）	发班时间间隔	首末班时间
1	1 路：旧客运站—先锋水泥厂	13	1A	4	每 30 分发 1 班，日总发 48 班	首班 07：00 末班 18：00
2	2 路：旧客运站—左江砖厂	13.5	2B	2	每 30 分发 1 班，日总发 44 班	首班 07：00 末班 18：00
3	3 路：卜寨糖果食品轻工业园区—国际客运中心	17	3C	6	每 20 分发 1 班，日总发 86 班	首班 06：00 末班 19：30
4	4 路：旧客运站—江州镇市场	12	4D	8	每 10 分发 1 班，日总发 150 班	首班 06：30 末班 19：00
5	5 路：国际客运中心—黑水河码头	32	5E	6	每 30 分发 1 班，日总发 42 班	首班 07：30 末班 18：00
6	6 路：国际客运中心—驮逐	22	6F	4	每 25 分发 1 班，日总发 52 班	首班 07：30 末班 18：30
7	7 路：旧客运站—卜利	10	7G	6	每 15 分发 1 班，日总发 124 班	首班 06：00 末班 20：30
8	8 路：国际客运中心—丽江公务员小区	10	8H	8	每 20 分发 1 班，日总发 92 班	首班 06：00 末班 21：30
9	10 路：国际客运中心—旧客运站	6	9I	8	每 10 分发 1 班，日总发 186 班	首班 06：00 末班 21：30
10	71 路：崇左火车站—新和镇客运站	30	10J	10	每 15 ~ 20 分钟发 1 班，日总发 86 ~ 116 班	首班 06：00 末班 19：00

4.5 政策背景

旅游产业作为五大支柱性产业之一，受到崇左市委、市政府的高度重视。自2004年起相继出台了系列政策，为全市旅游产业发展提供了政策保障。关于旅游产业发展的政策措施主要包括：《崇左市人民政府关于印发〈关于加强中越边境旅游市场管理的意见〉》《中共崇左市委、市人民政府关于加快崇左市旅游业跨越发展的决定》《崇左市人民政府关于加快崇左市旅游产业发展若干规定的通知》《中共崇左市委办公室、崇左市人民政府办公室印发〈崇左市旅游产业发展实施方案〉的通知》《崇左市五个"100公里"旅游线路建设工作方案》《崇左市人民政府关于加快崇左市旅游业跨越发展的若干政策》《关于加快旅游业跨越发展的决定》《崇左市人民政府〈关于文化旅游建设的实施意见〉》等。

在旅游基础设施建设方面，2012年6月13日，国务院第208次常务会议审议通过了《无障碍环境建设条例》，并予以公布，会议指出该条例自2012年8月1日起施行。该条例从无障碍设施建设、无障碍信息交流、无障碍社区服务以及法律责任四方面指出无障碍环境建设的重要性、必要性以及具体设施策略[①]，崇左市委、市政府积极响应国家号召，切实落实相关政策。

广西壮族自治区住建厅《关于转发住房和城乡建设部城镇供水规范化管理考核办法（试行）的通知》（桂建城〔2013〕11号）要求中指出，切实加强城镇供水规范化管理，全面落实供水安全相关规章制度，保障供水事业健康持续发展；加强城镇集中式饮用水水源地及供水系统防控污染和保障饮水安全工作，认真组织开展专项检查，加强防范应对水污染工作，同时，积极做好生活饮用水安全监督检查，保障居民用水安全；配合水利、发改等部门做好城区备用水源的规划工作，目前拟选定客兰水库作为城区近期生活饮用水备用水源，驮英水库作为远期生活饮用水备用水源；协调推进丽江水厂二期工程、江南

---

① 张尚初.《无障碍环境建设条例》公布 8月1日起施行［EB/OL］. 中国新闻网，http://www.chinanews.com/gn/2012/07-10/4021184.shtml.

污水处理工程管网配套二期工程、丽江水厂二期配套管网工程等三个项目建设。

此外，广西壮族自治区住建厅《关于加快推进城市排水防涝设施建设工作的指导意见》（桂建城〔2014〕34 号）和《自治区住房城乡建设厅关于加强城市排水防涝设施建设工作的通知》（桂建城〔2013〕18 号）中指出，2013 年 7 月 19 日至 21 日第 9 号超强台风“威马逊”以及 9 月 16 日至 17 日台风“海鸥”对崇左市造成了严重的影响，崇左市的各项市政设施遭到了极大破坏。为防患于未然，按照市委的工作布置，科学细致地制订了排水防涝隐患排查工作方案，狠抓排查工作落实和整改。成立排水防涝隐患排查工作组，认真细致地对城区道路、雨水管网、检查井、雨水口和排水体系进行全面排查。着重对城区 22 条主干道及低洼区域雨天积水情况进行排查，其中 7 条道路存在不同程度的积水现象；在老城区共发现城市道路有 6 处存在积水安全隐患点，其中有 3 处较为严重，汛期直接影响到车辆和行人的出行安全，存在较大的安全隐患；在新老城区交接处有两处存在积水安全隐患，遇到暴雨季节，积水较为严重，有直接中断新老城区交通出行的可能。根据排查的结果及存在的安全隐患，制订了一套临时应急方案，采取及时疏通管道、暴雨时开盖助排、低洼处安排工作人员 24 小时值班等应急措施。指导和监督江州区市政管理部门，加强城市排水设施的维护，目前已完成了新旧城区友谊大道、江南路、新民路等城区道路的雨水管道、检查井、雨水井的维护工作，以及城区易发生内涝的路段雨水管网的第二次清疏工作，同时，要求加强巡查力度，加大清疏力度，确保管网畅通。切实做好城市排水防涝工作，确保城市安全度汛，保障人民群众的生命财产安全。

最后，按照《关于加快编制市政公用设施专项规划的通知》（桂建城〔2012〕47 号）要求，加快崇左市政公用设施专项规划的编制工作，特别是督促已由市政公用事业管理处委托自治区城乡规划设计院要加快对崇左市政设施、城市排水、城市照明三个专项规划项目的编制工作；对于未开展的城市节水专项规划、城市环卫（含公厕、垃圾处理设施）专项规划、城市绿地系统专项规划，要抓紧报市人民政府批准，组织开展编制工作。

5 崇左市旅游产业发展相关分析

崇左市旅游资源丰富，有左江花山岩画、德天跨国瀑布、凭祥友谊关、明仕田园风光、左江风光、归龙斜塔、少数民族风情、边关风情和世界珍稀动物白头叶猴保护区等著名旅游资源。通过对崇左市主要旅游资源数量、类型及等级进行分析，以评价其旅游资源的整体特征。

5.1 崇左市旅游产业发展历程回顾

以史为鉴，对崇左市旅游产业发展的历程进行回顾，分析其发展特点，总结发展经验，从发展历程中探寻进一步完善与提升崇左市旅游产业的可行路径。

5.1.1 发展历程

5.1.1.1 旅游产业规模

自2003年崇左市建立以来，旅游产业取得了长足的进步，旅游产业规模增长迅速。如下图和表5-1所示，从旅游人数来看，从2003年至2014年这11年间，旅游总人数从187.55万人次增长到了1 362.53万人次，增长6.26倍，年均增长率20%，旅游产业增长十分迅速，其中，2005 年、2010 年以及 2012 年的增长率均达到 20% 以上；从旅游产业总收入来看，从 2003 年至 2014 年这 11 年间，旅游产业总收入从 5.89 亿元增长到了 100.95 亿元，增长 16.14 倍，年均增长率 29.41%，其中，2009 年和 2010 年增长率达到 40% 以上，可谓增速惊人，成绩卓著。

从现状来看，崇左市旅游产业高速增长已成新常态，旅游产业已初具规模。具体而言，2014 年全市累计接待旅游者 1 362.53 万人次，同比增长 19.39%；实现旅游总收入 100.95 亿元，同比增长 26.09%。其中，国内旅游人数 1 327.35 万人次，同比增长 19.96%，国内旅游收入 93.66 亿元，同比增长 28.21%；入境过夜旅游者人数 35.18 万人次，同比增长 0.98%，旅游外汇收入 11 859.86 万美元，同比增长 4.74%。2015 年以来，崇左市旅游产业继续呈现良好的发展态势，2015 年 1—10 月，全市接待旅游者 1 394.81 万人次，实现旅游总收入 108.25 亿元，分别增长 24.57% 和 31.79%。其中，接待国内旅游者 1 362.75 万人次，实现国内旅游收入 101.74 亿元；接待入境旅客 32.06 万人次，实现国际旅游（外汇）收入 11 194.42 万美元。

旅游产业在崇左市的经济地位较高，且呈现逐年递增趋势，已逐步成为崇左市五大支柱产业之一。如表 5 - 1 所示，2003 年崇左市旅游产业总收入为 5.89 亿元，占全市同期 GDP 比重的 5.65%，占比较小。到了 2014 年，旅游产业总收入为 100.95 亿元，占全市同期 GDP 比重的 15.54%，占比已达到较高水平，在崇左市各项经济产业中占据了较高的地位。

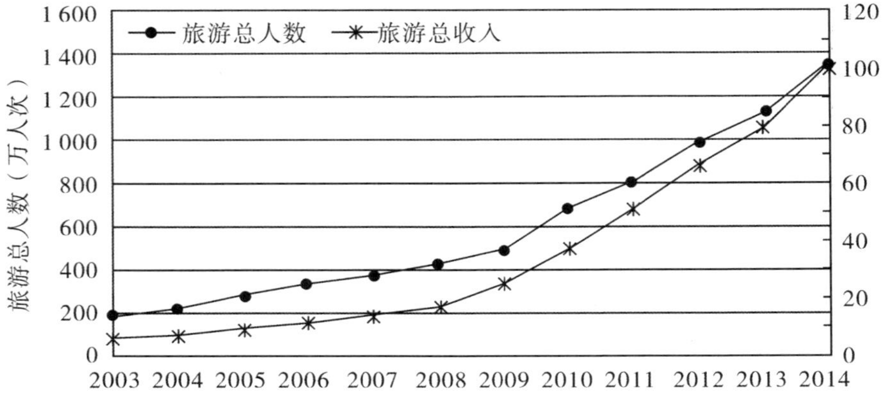

崇左市历年旅游总收入和总人数统计（2003—2014 年）

表 5－1　崇左市旅游业历年主要指标统计（2003—2014 年）

指标	2003	2004	2005	2006	2007	2008	2009	2010	2011	2012	2013	2014
总人数（万人次）	187. 55	220. 36	281. 3	332. 7	372. 15	420. 78	488. 21	683. 21	806. 48	985. 47	1 141. 28	1 362. 53
增长率（%）		17. 49	27. 66	18. 27	12. 04	13. 07	16. 03	39. 94	18. 09	22. 19	15. 81	19. 39
总收入（亿元）	5. 89	7. 18	9. 62	11. 59	14. 09	17. 21	24. 91	37. 62	51. 51	66. 81	80. 06	100. 95
增长率（%）		21. 9	33. 98	20. 48	21. 57	22. 14	44. 74	52. 02	38. 65	22. 09	19. 83	26. 09
占 GDP 比重（%）	5. 65	5. 72	6. 37	5. 97	6. 08	6. 49	8. 29	9. 58	10. 48	12. 61	13. 8	15. 54

5. 1. 1. 2　旅游资源开发

旅游资源开发是旅游产业发展的核心工程，目前崇左市十分重视景区开发、旅游项目建设等方面，并取得了较好的成绩，但依然存在等级不高、引爆类的景区或项目欠缺等问题。

在景区开发方面，崇左市目前拥有国家级风景名胜区 1 处，国家级自然保护区 3 处，省级自然保护区 3 处，国家级文物保护单位 4 处，省级文物保护单位19处，县级文物保护单位154处；运营旅游景区28个，其中国家4A级景区3个，3A级景区2个，2A级景区2个，广西星级乡村旅游区（点）9个；星级饭店29家，其中四星级6家，三星级12家，二星级11家；旅行社13家；游船公司5家。值得一提的是，崇左市正在全力推进左江花山岩画申请世界文化遗产以及“大德天景区”的升级改造（创5A景区）两大工程，未来将成为崇左市乃至全区旅游产业新的增长点。

在旅游项目建设方面，据不完全统计，近年来崇左市旅游开发相关项目23处。2015年，崇左市委、市政府加快推进崇左市东盟（崇左）旅游集散中心、中国—东盟自驾车旅游总部基地、龙州飞龙国际大峡谷景区项目等13个投资总额超过5亿元的重点旅游项目，旅游基础设施明显得到改善。

5.1.1.3 旅游发展政策、大事件与规划

在旅游发展政策方面，崇左市自2004年起相继出台了系列政策，为全市旅游产业发展提供了政策保障，在推动旅游产业发展方面起到了重要作用，是旅游产业发展历程中的重要节点。关于旅游产业发展的政策措施主要包括：《崇左市人民政府关于印发〈关于加强中越边境旅游市场管理的意见〉》《中共崇左市委、市人民政府关于加快崇左市旅游业跨越发展的决定》《崇左市人民政府关于加快崇左市旅游产业发展若干规定的通知》《中共崇左市委办公室、崇左市人民政府办公室印发〈崇左市旅游产业发展实施方案〉的通知》《崇左市人民政府〈关于文化旅游建设的实施意见〉》《崇左市五个“100公里”旅游线路建设工作方案》《关于加快旅游业跨越发展的决定》《崇左市人民政府关于加快崇左市旅游业跨越发展的若干政策》等。

在旅游产业发展的大事件方面，一些重要事件对崇左市旅游产业发展产生了较大的影响，是总结旅游产业发展特征的重要素材。比较有代表性的事件包括：先后加入了“4+2”北部湾旅游联盟、德天旅

游联盟和桂西旅游联盟等；与越南谅山、高平、河内等签订旅游合作协议，共同打造中越边境旅游经济共同体，深化旅游区域交流与合作；2013 年 10 月，崇左市拍摄《广西中越边境探秘之旅》旅游专题片；全面、深入实施广西壮族自治区党委书记彭清华的“发现山水崇左，圆梦别样桂林”重要旅游发展战略；2014 年 11 月，崇左市委书记、市人大常委会主任黄克率党政考察团一行 11 人赴福建考察旅游产业发展工作，认真学习借鉴当地旅游产业发展的先进经验；2014 年 12 月，崇左市以市政协农海波副主席为团长的政府代表团和以闭氏秋贤副厅长为团长的谅山省文化体育旅游厅代表团，在崇左市召开“中国广西崇左市·越南谅山省边境旅游合作座谈会”；参加“2015 年中国—东盟博览会旅游展”以及“中国—东盟美食文化交流周”；宁明县与德仕达公司签订《旅游产业发展咨询服务协议书》，为旅游发展寻找智力支持；2015 年热播电视剧《花千骨》剧组到广西德天跨国瀑布、明仕田园、恩城和石景林景区等地取景，为崇左市旅游产业宣传营销加了一把力；2015 年 6 月 28 日至 7 月 1 日，广西崇左市、湖南湘潭市被国家旅游局列为首批“全国红色旅游国际合作创建区”；2015 年 6 月，广西 20 个项目入选全国优选旅游项目，崇左市有 3 个项目入选；2015 年 7 月，在全国生态文明建设高峰论坛暨城市与景区生态文明成果发布会上，大新县被授予“中国最具原生态景区”和“全国十佳生态休闲旅游城市”荣誉称号；同期，龙州县荣获“中国长寿之乡”称号；2015 年 9 月 17 日，大新县人民政府与湖南天下凤凰文化旅游投资股份有限公司在南宁举行中越德天—板约国际旅游合作区跨国实景演出新闻发布会，将在中越德天—板约瀑布打造世界首台跨国山水实景演出；2015 年 9 月 20 日，由崇左市委、市人民政府、自治区归国华侨联合会主办的崇左市文化旅游开放合作招商推介会暨华商陆路东盟崇左行活动在崇左市举行。本次推介会达成了 34 个招商项目的集中签约，总投资 168.46 亿元；2015 年 11 月 12 日，第七届广西（崇左）园博园主展馆招商推介会在崇左市举行，广西弘恩骏轩国际贸易等 12 家企业签署进驻协议书。这些企业的成功入驻，将成为崇左市园博园项目建设的“助推器”，为崇左市旅游产业的健康、快速发展注入新生力量。

旅游发展，规划先行。崇左市在全市旅游产业发展总体规划和重点旅游线路开发、景区景点建设等配套规划方面多点突破，多点开发，为旅游产业发展提供了较好的科学指导。主要规划包括：《崇左市旅游发展总体规划（2006—2020）》《崇左市“十二五”旅游发展规划》《崇左德天瀑布创国家 5A 级景区规划》《崇左市旅游产业发展总体规划》《广西大新德天瀑布核心景区旅游发展规划》《广西大新硕龙镇详细规划》《广西花山景区详细规划》《扶绥县旅游产业发展总体规划》《崇左市红色旅游规划》《崇左市区旅游策划》等。

5.1.2 经验总结

通过对崇左市旅游产业发展历程的回顾，其在以下三个方面的有益经验应当在旅游产业未来的发展中继续得到加强。

首先，政府的大力扶持是旅游产业发展的重要动力。旅游产业发展成为崇左市的重要产业之一，离不开各级政府的大力支持，尤其是在近几年，政府连续出台了多项旅游产业相关的政策、法规，为旅游产业发展提供了绝佳的政策保障、资金支持以及巨大的发展空间，是崇左市旅游产业快速发展的核心推动力之一。

其次，外在的智力支持是旅游产业发展的巨大引擎。自崇左市旅游局（2014 年 12 月更名为“崇左市旅游发展委员会”）成立以来，邀请了省内外知名旅游规划专家、旅游咨询公司等为旅游产业发展献计献策，在宏观战略指导以及微观景区设计层面都提供了大量的宝贵建议和方案，是崇左市旅游产业前进过程中的重要引擎。

最后，以地方特色为基础是旅游产业发展的核心竞争力。旅游产业发展必须以地方特色为开发导向，打造具有地域特色、民族特色、文化特色的旅游产品和服务。崇左市坚持以地方特色为基础，着力打造突出边关风情的生态文化旅游地，是取得当下成绩的主要原因之一，在未来发展中应继续一以贯之。

5.2 崇左市旅游资源数量、类型及等级

5.2.1 崇左市旅游资源数量

从表5－2可以看出，根据旅游资源等级、规模、网络关注度、品牌等筛选出全市主要旅游资源共13处，是支撑崇左市旅游产业发展的主体资源。其他旅游资源还包括：石景林景区、大新龙宫仙境景区、老木棉·紫园、崇左市壮族博物馆、沙屯叠瀑、大新丽水边城、明仕壮族民居博物园、上金国际生态休闲度假旅游景区、龙谷湾旅游休闲度假区、红八军军部旧址、镇南关起义旧址（又名右辅山三炮台）等。

此外，崇左市还有丰富的特色饮食资源，如糍粑、白斩鸡、粽子、五色糯米饭、生血、鱼生等。

表5－2 崇左市主要旅游资源统计

名称	等级或品牌	类型（亚类）	地理位置
左江花山岩画景区	2016年世界文化遗产申请项目 国家级风景名胜区 全国重点文物保护单位	AA 综合自然旅游地 BA 河段 EB 社会经济文化活动遗址遗迹	宁明县
德天跨国瀑布景区	世界第二、亚洲第一 国家4A级景区	BC 瀑布 DB 天气与气候现象	大新县
凭祥友谊关景区	全国重点文物保护单位 中国九大名关之一 国家4A级景区	EB 社会经济文化活动遗址遗迹	凭祥市

（续上表）

名称	等级或品牌	类型（亚类）	地理位置
凭祥红木文博城	国家4A级景区 中国红木第一城	FA综合人文旅游地	凭祥市
大连城	全国重点文物保护单位 南疆长城	EB社会经济文化活动遗址遗迹	凭祥市
小连城	全国重点文物保护单位 南疆长城	EB社会经济文化活动遗址遗迹	龙州县
广西恩城自然保护区	国家级自然保护区 国家一级保护动物	CA树木 CD野生动物栖息地	大新县
广西弄岗国家级自然保护区	国家级自然保护区 国家一级保护动物	CA树木 CD野生动物栖息地	龙州县、宁明县
广西崇左白头叶猴自然保护区	国家级自然保护区 世界最稀有的猴类 国家一级保护动物	CA树木 CD野生动物栖息地	扶绥县、江州区
陇瑞自然保护区	全国保存最好的 喀斯特热带季雨林	CA树木 CD野生动物栖息地	宁明县
归龙斜塔	世界八大斜塔之一	EB社会经济文化活动遗址遗迹	江州区
弄官白头叶猴生态公园	世界最稀有的猴类 国家一级保护动物	CA树木 CD野生动物栖息地	江州区
明仕田园	五星级乡村旅游区	BB天然湖泊与池沼 CA树木 CD野生动物栖息地 FA综合人文旅游地	大新县

目前，崇左市正大力实施旅游“25671”工程（即“两园五线六名七特一批”。“两园”是把崇左市建设成为“东盟大花园”和“南宁后花园”；“五线”是全面推进“五个100公里”旅游线建设；“六名”是重点打造左江花山岩画景区、凭祥友谊关景区、德天跨国瀑布景区、红八军军部旧址、恐龙博物馆、弄官白头叶猴生态公园6个旅游名胜景区；“七特”是全力创建渠黎镇、硕龙镇、天等镇、上金乡、新和镇、爱店镇、夏石镇7个旅游名镇；“一批”是全面推进一批重点旅游项目），对旅游资源进行包装和升级。“25671”工程是当下崇左市主打的旅游产业工程。

值得强调的是，作为一种隐形旅游资源，崇左市整体优良的生态环境在资源普查中往往被忽略，然而，在环境污染加剧，雾霾愈加严重，人们急切渴望回归大自然的背景下，这种隐性旅游资源应得到高度的重视。

5.2.2 旅游资源类型

根据国家旅游局《旅游资源分类、调查与评价标准》，崇左市主要旅游资源的类型包括AA综合自然旅游地、BA河段、EB社会经济文化活动遗址遗迹、BC瀑布、DB天气与气候现象、FA综合人文旅游地、CA树木、CD野生动物栖息地、BB天然湖泊与池沼9个亚类。

从旅游资源的文化类型划分，包括以明仕田园、德天跨国瀑布、左江风光以及三大国家级自然保护区为代表的自然生态文化；以左江花山岩画、天琴艺术为代表的壮族文化；以邓小平领导的红八军革命战争遗迹的红八军军部旧址和龙州起义纪念馆、镇南关起义旧址，以及越南共产党人胡志明革命活动遗址为代表的红色文化、军事文化；以中国九大名关之一的凭祥友谊关、南疆长城等为代表的边关文化。

表 5 – 3　崇左市旅游资源类型一览表

旅游资源类型			旅游资源名称	地理位置
主类	亚类	基本类型		
地文景观	沉积与构造	断层景观	笔架山	扶绥县
	地质地貌形成过程	凸峰	独秀峰	天等县
		奇特与象形山石	石景林景区	崇左市
		堆石洞	犀牛洞	扶绥县
		岩石洞与岩穴	龙宫仙境	大新县
水域风光	河段	观光游憩河段	黑水河	江州区
	天然湖泊与池沼	观光游憩湖区	客兰湖、龙角天池	天等县
	瀑布	瀑布	德天跨国瀑布	大新县
	泉	温泉	花山温泉度假村	宁明县
生物景观	树木	林地	陇瑞自然保护区	宁明县
		独树	独木成林古榕	宁明县
	野生动物栖息地	陆地动物栖息地	岜盆白头叶猴保护区	扶绥县、江州区
天象与气候景观	光现象	日月星辰观察区	生态公园	崇左市
	天气与气候现象	避暑气候地	银泉山庄	扶绥县
		云雾多发区	德天跨国瀑布	大新县
遗址遗迹	史前人类活动场所	人类活动遗址	左江花山岩画	宁明县
	社会经济文化活动遗址遗迹	军事遗迹与古战场	金鸡山炮台	扶绥县
		废弃寺庙	凭祥观音正法寺	凭祥市
		交通遗迹	凭祥友谊关	凭祥市
		废城与聚落遗迹	镇南关起义旧址、红八军军部旧址	龙州县

（续上表）

旅游资源类型			旅游资源名称	地理位置
主类	亚类	基本类型		
建筑与设施	综合人文旅游地	教学科研实验场所	弄岗基地	龙州县
		宗教与祭祀活动场所	金鸡岩景区	扶绥县
		园林休憩区域	明仕田园	大新县
		社会与商贸活动场所	浦寨	凭祥市
		建设工程与生产地	双季葡萄生产基地	崇左市
		动物与植物展示地	龙州亚热带植物园	龙州县
		康体游乐休闲度假区	花山温泉度假村、碧髻生态文化旅游度假区（炎鑫度假村）	扶绥县
		文化活动场所	江州区剧院	江州区
	单体活动场馆	聚会接待厅堂（室）	崇左人民会堂	崇左市
		展示演示场馆	崇州市壮族博物馆	崇左市
		体育健身场馆	扶绥县体育馆	扶绥县
		歌舞游乐场馆	崇左青少年校外活动中心	崇左市
	景观建筑与附属型建筑	佛塔	宁明蓉峰塔、向都万福寺	宁明县
		塔形建筑物	归龙斜塔	崇左市
		楼阁	凭祥友谊关	凭祥市
		广场	扶绥文化广场	扶绥县
		建筑小品	凭祥金地·白云山世家、老木棉·紫园	凭祥市、大新县
	居住地与社区	特色街巷	凭祥古城、德天中越旅游商业街	凭祥市、大新县
		特色市场	凭祥浦寨旅游贸易区	凭祥市
		名人故居与历史纪念建筑	龙州起义纪念馆、邓小平纪念馆、红八军军部旧址	龙州县
	归葬地	陵区陵园	广西崇左烈士陵园	崇左市
		墓	黄善璋墓	宁明县
	交通设施	车站	崇左汽车站	崇左市

（续上表）

旅游资源类型			旅游资源名称	地理位置
主类	亚类	基本类型		
旅游商品	地方旅游商品	农、林、畜产品与制品	白糖、桄榔粉、猪肠糕等	
		菜品饮食	竹筒饭、糯米饭、烤乳猪、白斩鸡、天等辣椒、把荷鱼丸、清明菜包饭、艾糍、黄金粥等	
		传统手工产品与工艺品	绣球	
人文活动	人事记录	人物	吴西将军	
		事件	左江花山岩画	宁明县
	艺术	文艺团体	“风之采”龙胤文艺队	
		文学艺术作品	《啊，美丽的扶绥》	
	民间习俗	地方风俗与民间礼仪	三月三歌坡	
		民间演艺	竹竿舞	
		饮食习俗	三月三吃五色糯米饭	
		民间节庆	艾糍节、三月三	
		庙会与民间集会	扶绥龙头乡游神	扶绥县
		旅游节	扶绥县旅游文化美食节	
	现代活动	文化节	陆路东盟商务文化节	
		体育节	崇左市全民健身活动万人健步走	

5.2.3 旅游资源等级

旅游资源等级可用各主管部门出台的标准来衡量，如国务院批准的国家级风景名胜区、国家级自然保护区，国家文物局批准的全国重点文物保护单位，国家旅游局、全国旅游景区质量等级评定委员会批准的国家A级景区等。目前全市拥有国家级风景名胜区1处，国家级自然保护区3处，省级自然保护区3处，国家级重点文物保护单位4处，省级文物保护单位19处，县级文物保护单位154处。运营旅游景区景点28个，其中国家4A级景区3处、3A级景区2处、2A级景区2处，广西星级乡村旅游区（点）9处。

从其他品牌的角度看，崇左市目前拥有“世界奇迹、千古之谜”的准世界文化遗产左江花山岩画，“世界第二、亚洲第一”的德天跨国瀑布，“中国九大名关之一”的凭祥友谊关，“中国红木第一城”的凭祥红木文博城，“南疆长城”的大小连城，全国保存最好的喀斯特热带季雨林的陇瑞自然保护区，世界八大斜塔之一的归龙斜塔等。

5.2.4 代表性旅游资源概述

5.2.4.1 归龙斜塔

归龙斜塔又名左江斜塔、水宝塔、歪塔，古称镇海宝塔，是世界八大斜塔之一，位于崇左市东北两公里处左江中的鳌头山上。该塔建于明天启元年（1621），始建三层。清康熙三十五年（1696）续建二层，现为五层砖塔。塔底直径5米，塔高18.28米，塔身呈八面体，塔顶置圆形铁锅一口，历经数百年风吹雨打，从不生锈。塔顶八面飞檐，每一檐角悬挂铜铃一个，铜铃随风摆动，叮当作响，悦耳动听。塔内每层均开一个小窗，并设有可容二人穿行的螺旋形阶梯到顶层，旅游者沿阶梯可直登上最高层，走在阶梯上，有很强的倾斜感。塔的第一层东面砌砖45块，西面砌砖43块，东西面砌砖数相差两块，故整座塔呈倾斜状态。塔的斜向与江水的流向正好相逆。绝妙的是，无论从哪个方向观看，宝塔均呈倾斜欲倒之势，加上宝塔孤零零地屹立在鳌头峰，而鳌头峰正处在左江90度急转弯处，湍急的江水奔腾而来，更增加宝塔倾斜欲倒的危势，无论是站在塔上俯视还是站在塔脚下游览，都令人有心惊肉跳之感。

5.2.4.2 石景林景区

崇左市石景林景区是1988年被国务院批准的国家级风景名胜区、广西花山风景名胜区的一个重要景区。石景林景区位于崇左市城南区，距中心区约4.5公里，距南友高速公路崇左收费站入口处仅1公里，距市汽车站和火车站10分钟车程，交通十分便利。石景林景区按规划可开发利用面积为1 500亩，现已开发使用700多亩。石景林景区于1988年开发建设，1991年正式对外开放。已发掘出“三妹沉思”（玉女沉思）、“八戒探花”“一帆风顺”“双狮迎宾”“玉兔下凡”“象鼻山”“仁者寿”“鸳鸯藤”“飞来石”“罗汉洞”“仙人洞”等众多景点。至今累计接待中外旅游者100多万人次，在区内外享有盛名。

石景林景区属喀斯特岩溶地貌，具有“皱、透、漏、瘦”的岩石特点。由于长年的雨蚀、风化，形成天然的盆景式石林，故被称为石景林。因为具有峰丛林立、险峻秀丽、溶洞众多、千姿百态的奇峰异石奇观，故被八方旅游者和专家学者誉为“全国少有，广西第一”的美景。

5.2.4.3 明仕田园

明仕田园位于广西大新县堪圩乡明仕村，距县城53公里，距广西首府南宁196公里，距德天跨国瀑布40公里，是以典型的喀斯特地形地貌景观为主的自然风景区。

明仕田园核心景区总面积约20平方公里，由峰丛洼地、峰林谷地和盆地等熔岩地貌形态组成。由于岩溶发育程度不一，地貌类型多样，构成了奇峰峥嵘、群峰竞秀的地貌景观。主要有明仕田园、明仕碧河、碧江翠竹、千年蚬木王、门村云海、十九更、天然崖画等13个景点。景区内四季景色皆如诗如画，有着“山水画廊”和“隐者之居”的美誉。明仕河沿岸是广袤千里的田园，明仕河从中绕过。上游层峦叠嶂，群峰竞秀；中下游则谷地开敞平坦，峰林散布，路绕峰移，空间变化丰富。这里河水蜿蜒清澈，倒影山峰如镜，稻田开阔，竹丛掩岸，农舍依于山脚。沿河可见独木桥、竹水车、牧童骑牛、农人荷锄等田园景象。明仕田园是摄影爱好者的天堂，也是影视拍摄的基地，《酒是故乡醇》《牛郎织女》《天涯侠医》《本草药王》《欢乐桑田》等多部香港电视剧曾在这里拍摄。2004 年明仕田园以其最典型和最美丽的喀斯特地形地貌景观入选国家邮政总局为庆祝中华人民共和国成立 55 周年发行的中国特种邮票“祖国边陲风光”小全张中的“桂南喀斯特地貌”邮票主图。

明仕村壮族风情浓郁，正月十六的康母歌圩每年都按时举行，每临散圩壮族群众穿着特有的民族服饰汇聚在一起，载歌载舞，以歌会友。斗鸡节、花炮节、侬垌节等特有节日无一不散发着浓郁的民族风情和生活情趣。除此之外，明仕村出产的珍珠鸭、龙眼果、苦丁茶、黑皮果蔗、香糯米等远近闻名。

5.2.4.4 左江花山岩画[①]

左江花山岩画是国家重点文物保护单位。位于广西崇左市宁明县城西北 25 公里的明江河畔，距广西首府南宁 140 公里。左江花山岩画是左江流域岩画中的代表，也是世界同类岩画中单位面积最大、画面最集中、内容最丰富、保存最完好的一处岩画，被誉为中国稻作文化的最大标志、壮族文化瑰宝和世界岩画的极品。

据专家考证，岩画创作始于春秋，延至后汉，迄今已有 2 300 多年历史。整幅岩画画面长 172 米、高 50 米，总面积 8 000 多平方米，绘有大小图像 1 900 多幅，画面以人物造型为主，也有铜鼓、箭镞和野兽等。人物呈双手向上弓张，双腿半蹲的舞状，也有侧身前奔、打拳、联袂欢歌状；动物图像似狗、驴、马等；物体图像似太阳、铜鼓、铜

① 左江花山岩画：壮民族历史文化的瑰宝［EB/OL］. 国际在线，http：//eco. cri. cn/492/2015/10/23/321s33054_1. htm.

锣、弓箭等。人像最大的有3米多高，最小的也有30厘米。画面色调为赭红色，图像线条粗犷，结构严谨，神态各异，生动朴素，形象逼真，整个画面气势恢弘，热情奔放，场面热烈而富有诡秘色彩，富有艺术感染力，具有相当高的艺术造诣和浓郁的少数民族情调，构成一幅反映古骆越民族生活的历史画卷。其图像之多、分布之广密、作画地点之陡峭、作画条件之艰险，均被公认为国内外罕见。

5.2.4.5　德天跨国瀑布

德天跨国瀑布位于中国广西大新县硕龙镇德天村和越南高平省重庆县玉溪镇交界的边境线上，是世界第二大、亚洲第一大跨国瀑布，年均水流量约为贵州黄果树瀑布的3倍，为国家4A级旅游景区。[①]

德天跨国瀑布距大新县县城66公里，距广西首府南宁209公里。20世纪90年代初期开发并接待旅游者。

中越两国从德天跨国瀑布至中国广西大新县硕龙镇以14.5公里的归春河为天然国界。归春河发源于广西靖西县，全长150公里，途经越南，迂回35公里后又复入我国的大新县硕龙镇德天村，遇断崖倾泻而下，形成瀑布。德天跨国瀑布横跨中越两国，宽200余米，高约60米，纵深约70米，年均流量50立方米/秒，是黄果树瀑布的3倍，终年有水。瀑布四周古树参天，花草掩映。瀑布由多道高低不齐、大小不一的湍流穿过丛林直落而下，呈三级跌落。第三水帘崖下，有一宽约3米、高约4米、深约20米的水帘洞，洞道崎岖，石笋、石柱遍布，洞口观瀑，别有情趣。洞外有深潭，潭中还有一洞，曰龙潭洞，出水入洞，又是一番景象。德天跨国瀑布的左侧另有一小瀑布完全在越南境内，名为“板约瀑布”。2005年，德天跨国瀑布以其原始的自然美、生态美和跨国风情在由《中国国家地理》杂志组织开展的“中国最美的

① 组图：跨国瀑布　广西德天瀑布［EB/OL］．中国网，http：//www.china.com.cn/chinese/TR－c/87106.htm.

地方”评选活动中荣获“中国最美瀑布”的荣誉称号。

瀑布顶有一属中越两国共有的小岛，称“浦汤岛”，面积约15亩。岛上绿树成荫。河水从岛的两侧潺潺流淌而扑下断崖。岛右侧约50米，有清朝时期所立的国界碑一座，称为“53号界碑”，上用中、越文刻“中国广西界”，因岁月的侵蚀，碑已有破损，但更显其沧桑。瀑布右侧，有一山峰称为“炮台山”，海拔754米，因清朝苏元春在山顶上修建靖边炮台而得名。现炮台仍完好无损。登上山顶，可俯瞰越南境内方圆几十公里的田园风光。山的东面有原始森林，林木茂密，古木参天蔽日，高大蚬木随处可见，飞禽走兽来往其间，堪称森林公园。瀑布下游的归春河，一边是颇具特色的异国风光，一边是别具一格的边民小楼或壮族特色的“干栏”房，其景其情，令人陶醉。

5.2.4.6 凭祥友谊关景区①

凭祥友谊关景区占地面积46.50平方公里，由友谊关关楼、左辅山古炮台、右辅山古炮台、左右辅山古城墙及登山古道、大清国万人坟、广西全边对讯署（法式楼）等主要景点组成。

友谊关关楼是景区的核心景点，友谊关设于汉代，已有2 000多年历史，是中国九大名关中唯一的边关，素有“中国南大门”之称。关楼名“友谊关”为陈毅元帅亲笔题写，整座关雄伟壮丽，是广西一大旅游胜景。

凭祥友谊关景区旅游资源丰富，生态环境优美，人文景观荟萃。中国近代史上抵御外敌入侵唯一取得胜利的镇南关大捷和孙中山先生亲自领导指挥的镇南关起义均发生于此。景区内古树名木与丰富珍奇的自然植被遍布山谷，森林覆盖率达到85%以上。

友谊关作为国家一类口岸，自古以来都是重要商埠。友谊关已成

---

① 凭祥友谊关［EB/OL］. 百度百科，http：//baike. baidu. com/view/1532990. htm? fromtitle = %E5%8F%8B%E8%B0%8A%E5%85%B3&fromid = 185640&type = syn.

为中国通往越南及东南亚国家最大、最便捷的陆路大通道。

5.2.4.7 红八军军部旧址

红八军军部旧址位于龙州县城新街，是一座两层的楼房。龙州县是左江上游的政治、经济、文化中心。1929年夏，中共中央派邓小平、张云逸到广西领导革命，同年10月，俞作豫率广西警备第五大队到龙州县组织工农武装。1930年2月1日，宣布龙州武装起义，成立中国工农红军第八军和左江革命委员会，俞作豫任军长，邓小平任政委（兼），李明瑞为红七军、红八军总指挥。形成了包括龙州县、上金县、宁明县、明江县、思乐县、崇善县、左县、雷平县、养利县、凭祥县等的左江革命根据地。

5.2.4.8 镇南关起义旧址

镇南关起义旧址位于友谊关右侧的右辅山，又称右辅山三炮台。炮台是清边防提督苏元春于1887—1892年修建的。分镇南、镇中、镇北三台，砖石砌筑，分上、中、下三层和前后厅、库房、通道等。炮台安装德国伯鲁克大炮7门，三炮台互为犄角，海拔590米，四面陡壁，居高临下，气势雄伟。镇中台立有修台碑记。1907年12月孙中山派黄明堂、关仁甫到镇南关策划起义，联络清军做内应，占领右辅山三炮台。孙中山和黄兴从越南河内亲临炮台指挥。清军陆荣廷率4 000多人向右辅山反扑，起义军扼守炮台奋战七昼夜，毙伤清兵200余人，终因众寡悬殊，弹尽粮绝，被逼撤退。

5.2.4.9 老木棉·紫园

老木棉·紫园位于中越边境，毗邻著名的德天跨国瀑布，两者仅仅相距6公里，自然风光秀丽宜人，地理位置优越，与德天跨国瀑布景区相融相生。中越界河归春河穿行而过，更是让边关的景致与众不同。

5.2.4.10 特色饮食[①]

（1）松粑。

松粑外形与我国北方食品烧饼非常相似，但原料和做法都是不同的。食用时可以油炸、油煎、水煮加糖，也可用炭火烤，吃起来别有风味，清香宜人，口感极佳。松粑通常是春季食品，是当地人家在节日时祭祖、待客和送礼的佳品。

（2）五色糯米饭。

每年农历的三月初三，是壮族群众祭拜祖先的一个隆重节日，家家都做五色糯米饭。其做法是选好优质糯米用红兰草、栀子果、枫叶、黄姜、黄花草等这些天然植物色素浸泡染色（各地使用的染色原料略有不同，但差别不大）。把浸泡好的糯米倒入饭甑，上火将其蒸熟，就可做成红、黄、黑、紫、白五色糯米饭。五色糯米饭不仅色彩斑斓而且带有天然植物特有的清香，香醇扑鼻，可以说色香味俱全。五色糯米饭是三月初三节祭祖和馈赠亲友必不可少的食品。

（3）生血。

生血是桂西南壮族群众喜爱的一道菜肴，在崇左地区也非常流行。其主要原料就是生猪血、生羊血、生鸡血、生鸭血。经过精心烹饪，食用时加入香菜、酸醋和炒熟的碎花生等佐料，别有风味。

（4）白斩鸡。

白斩鸡是各地壮族群众最喜爱的节日食品和待客佳肴。做法是用阉鸡或肉质鲜嫩的雌鸡，里外加工清洗，用白水煮到八九成熟，横切成一指多宽的条状，略带血丝，食用时蘸以用葱、姜、香菜、盐、酱油等调成的佐料。鲜美脆嫩，略带甜味。按习惯，煮好的整鸡在切块上桌前一定要烧香上供，祭祀祖先。尤其是在除夕夜，家家户户都要

---

① 黄金刚，李进．广西崇左市壮族传统饮食风情研究［J］．南宁师范高等专科学校学报，2007，24（1）：19～20.

杀大阉鸡，用于祭拜祖先。

（5）鱼生。

崇左壮族群众习惯在村寨周围的池塘和附近的山塘放养鲢鱼、草鱼、鲤鱼、鲫鱼等，也经常在村寨附近的江河、溪流中捕捞鱼虾，用于改善生活。而鱼类的吃法，最具特色的就是吃鱼生。吃鱼生在广西壮族有着久远的历史，《广西通志》卷十二就有记载："剖活鱼细切，备辛香蔬醋诸物，下著拌食。曰鱼生。胜于煮者。"在长期的生活实践中，鱼生这一独特菜式不断得到继承和改进，成为当地壮族人的宴席佳肴。

（6）酸味。

崇左地区属于亚热带季风气候区，主要特征是夏季时间长、气温较高。因而许多壮族群众喜食酸味，用于解渴消暑。

民间历来有吃三酸的习惯。三酸指酸粥、酸笋、酸檬。崇左市大新县、扶绥县、江州区、天等县等地壮族群众，还喜欢食酸肉。崇左壮族地区过春节时有杀年猪的习惯。所谓"二十三送灶，二十四扫屋，二十五杀猪"，各家各户宰杀的年猪，除分送亲友和留够过年用外，一部分用作腊肉，另一部分就是用来腌酸肉了。

（7）沙糕。

沙糕是崇左壮族群众走亲访友时用来馈赠亲友的礼品，江州区驮卢镇的沙糕就非常有名。其做法是将浸泡过的糯米、黏米按一定的比例炒熟，舂成粉，加红糖与炒香的芝麻作佐料，用木模压成一指厚、口杯大小的圆饼，两边都有花纹，味道香甜。

（8）米花糖。

米花糖是大新县、天等县壮族群众春节时的美味小食品。当地壮语称之为"抠谁"。其做法是：把糯米蒸熟成糯米饭，摊开晾晒，至半干时放入石臼，把糯米饭粒舂扁，继续晒干后入锅翻炒至熟，再加入糖浆搅拌均匀，起锅倒入方形模具压实。待冷却结块后马上用刀具将其切割成方块状，以五块或十块一包，用纸包好密封。米花糖香酥甜脆，可以干吃，也可以泡开水吃，味道皆佳，是春节重要的礼品之一。

(9) 糯米甜酒。

把蒸熟的糯米放至温热时，拌入适量酒饼，放到瓮中加盖密封，一般24小时即可发酵而成。可连水带渣一块盛出食用，或将糯米甜酒放入姜糖水中煮沸，再打鸡蛋下去，做成蛋酒喝。

(10) 炒田螺。

春夏时，将田螺放在清水中养数日，让其吐净泥沙，然后用刀或剪刀将田螺尾部的尖端剪掉。煮时先用猛火将田螺炒一下，将备好的油、盐、酒、姜、葱、蒜、紫苏等佐料一起入锅翻炒即成。螺汤鲜美，螺肉爽脆。

(11) 芋头糕。

芋头糕是崇左壮族群众喜爱的食品之一。将槟榔芋去皮，切成细丁，拌葱、蒜，炒至半熟。然后将磨好的米浆舀入铁盘蒸熟，再将炒过的芋头细丁洒到上面蒸，一层米浆一层芋头丁，如此反复加料，直到三五层后，端起晾凉切块，即可食用。如果加以油、盐、酱油、醋、辣椒、番茄等一起凉拌，味道更加鲜美。

(12) 灌猪肠。

每逢杀猪，崇左壮族群众必做灌猪肠，天等县、大新县一带称之为“龙”。原料有猪血、猪小肠、磨好的大米粉或玉米粉等。其做法是将大米粉或玉米粉倒入猪血中，加盐、香料一起搅拌均匀后用漏斗灌入猪肠，整条猪肠灌满后绑紧封口，卷起成束放入大锅煮熟。可切节吃或切小片加油盐炒吃。灌猪肠一般用来分送亲友邻里，表达心意，联络感情。[①]

① 黄金刚．广西崇左市壮族传统饮食文化与旅游开发［J］．昆明大学学报，2006（2）：48～52.

5.2.5 旅游资源综合评价

总体来讲，崇左市旅游资源数量众多，类型丰富，等级较高，文化、生态特色鲜明。在数量方面，除表5－2中列出的13处主要旅游资源，崇左市还有其他百余处旅游资源，以及无法量化的生态环境，数量十分可观。在类型方面，崇左市旅游资源涉及自然资源，包括森林、自然保护区、河流、瀑布、动植物等。在人文资源方面，包括壮族文化、边关文化、红色文化、历史文化等，旅游资源类型十分丰富。在旅游资源等级方面，最为突出的是准世界文化遗产左江花山岩画，以及数个国家级风景名胜区、国家级自然保护区，还有世界最濒危的猴类白头叶猴，旅游资源等级非常高。在旅游资源特色方面，崇左市旅游资源的特色体现在两个方面，文化方面以壮族骆越文化、边关文化为亮点，自然方面以整体生态环境和德天跨国瀑布以及三个国家级自然保护区为核心，特色鲜明。

5.3 崇左市旅游产业发展SWOT分析

SWOT分析模型是产业战略规划中一种常用的态势分析方法，通过对旅游产业发展优势、劣势、机遇与威胁的分析，可引导政府和企业把资源、行动集中于自己的强项和机会最多的点，以实现短期和长期的效益最大化。

5.3.1 旅游产业发展优势分析

崇左市旅游产业发展主要有四大优势，包括政策优势、生态环境优势、入境旅游优势以及旅游资源优势，充分巩固并发挥已有优势是未来崇左市旅游产业管理实践的工作重点。

（1）在政策方面，国家和地方层面的多项鼓励与促进政策是崇左市旅游产业发展的保障优势。

国家层面，在西部大开发战略、左右江革命老区振兴计划、老少边穷地区扶持政策、国家对外开放政策、边境贸易政策、中国—东盟自由贸易区政策和“一带一路”战略中均有与旅游业相关的鼓励、优惠与扶持措施，对于崇左市旅游产业发展起到了巨大的推动作用。

地方层面，旅游产业作为崇左市的五大支柱产业之一，得到了崇左市委、市政府的高度重视，已出台多项旅游产业发展政策，并产生了积极的效果，从现有趋势来看，旅游产业对崇左市的重要性将继续凸显，更深化与针对性的政策将陆续出台，成为崇左市旅游产业发展的巨大保障优势。

（2）在生态环境方面，常年优良的自然环境是提升崇左市旅游产业的基本优势。

崇左市素有“绿色宝库”之称，气候温和，雨量充沛，年日照时数1 600多个小时，河系发达，河流众多，森林覆盖率48.1%，空气质量优良率为80%左右。在全国雾霾持续加剧、环境污染十分严重的背景下，如此优良的生态环境显得难能可贵，在发展生态旅游中具有得天独厚的优势，更是崇左市整个旅游产业发展的绝佳基础。

（3）在入境旅游方面，中越边境口岸是崇左市发展入境旅游的特色优势。

目前，崇左市共有各类边境口岸11个，其中国家一类口岸3个，地方二类小额贸易口岸4个，会晤口岸4个，以及14个边民互市贸易点。辅以中国—东盟自由贸易区以及泛北部湾经济合作区的积极带动作用，崇左市入境旅游发展良好，尤其是越南等东盟国家旅游者的入境旅游。入境旅游外汇收入仅次于桂林市和南宁市，排在第三位。

（4）在旅游资源方面，等级较高、特色鲜明的旅游资源是崇左市旅游产业发展的核心优势。

截至2015年7月，我国世界文化遗产总数仅为48处，数量十分稀少，其作为旅游资源的价值毋庸置疑。而崇左市左江花山岩画极有可能在2016年成为中国第49处世界文化遗产，准世界文化遗产的品牌也足够响亮。德天跨国瀑布作为世界第二大、亚洲第一大的跨国瀑布，正大力推进5A级景区提升项目，即将成为崇左市第一处国家5A级景区。拥有一处5A级景区对一个城市的旅游产业来讲亦是十分难能可贵的。除此之外，还有世界最濒危猴类、与大熊猫齐名的白头叶猴保护区，中国九大名关之一的凭祥友谊关，中国红木第一城的凭祥红木文博城等，都是国内甚至国际上极具吸引力的旅游资源。

5.3.2 旅游产业发展劣势分析

目前，崇左市旅游产业快速发展的局面令人振奋，在充分肯定崇左市旅游产业发展取得突出成绩的同时，也要看清楚旅游产业发展所面临的主要问题。客观地看，崇左市还存在四个方面的劣势，分别为区位方面、经济方面、基础设施方面，以及旅游经营方面的劣势，这些劣势成为制约崇左市旅游产业快速发展的主要原因，在未来管理实践中应加强针对性或扬长避短。

（1）在区位方面，地处西南边陲偏远地区是崇左市旅游产业发展的硬性劣势。

这主要体现在两个方面：一是远离主要客源市场，存在较大空间距离障碍。虽然崇左市是我国与东南亚之间最便捷的陆路通道，促进了入境旅游的发展，但同时也约束了国内客源的流入。国内客源一般是旅游地的主要客源市场，2014年崇左市国内旅游收入占到旅游产业总收入的92.78%，入境旅游收入占比较小。二是对外交通系统相对薄弱，本质上属于时间距离障碍。虽然崇左市区位具有沿边、沿高速、沿铁路、临机场的特点，相比其他偏远城市具有一定的优势，但相对四通八达的内地城市仍存在较大差距，如缺乏高铁、直达列车、城内航空港等，导致内地的旅游者在时间距离的感知上存在排斥心理，限制着国内客源市场的进一步开发与扩大。

（2）在经济方面，较为薄弱的区域经济发展水平是崇左市旅游产业发展的支撑劣势。

区域经济发展水平是旅游产业发展的重要影响因素，两者之间存在显著的正相关关系。无论在景区景点的打造和包装、产品的宣传营销、目的地接待设施的建设等方面都需要强大的经济实力作为支撑。然而，作为新兴城市，崇左市经济总量相对较小，2014 年广西 GDP 总量在全国 31 个省市中排名第 19 位，处于中下等水平，崇左市 GDP 总量在广西 14 个地级市中排名第十位，在支撑旅游产业发展方面存在一定的不足。

（3）在基础设施方面，较不完善的基础设施是制约崇左市旅游产业发展的服务劣势。

旅游产业作为典型的综合型服务业，其对基础设施的要求较高，包括道路系统、住宿系统、解说系统、餐饮系统、厕所系统以及其他服务系统，其中道路系统和住宿系统是最基本的部分。由于城市建设起步较晚等多方面原因，目前崇左市旅游产业相关的基础设施还有待进一步完善。

（4）在旅游经营方面，产品内容单一、深度开发能力不足成为崇左市旅游产业发展的供给劣势。

虽然崇左市既有以山水为特色的自然资源，又有壮族文化、边关文化等特色文化，但由于缺乏旅游营销，文化旅游的特色没有得到充分的展示，城市个性不突出且知名度较低，比如，云南省丽江市、西藏自治区林芝市等地民族风情个性鲜明。主要景区产品内容单一，深度开发能力不足，让旅游者喜闻乐见、深度参与的活动甚少，景区的娱乐性不强，导致旅游者成“过客”，对崇左市住宿、餐饮等贡献偏低。旅游资源和景区管理由于产权主体、投资主体不同，一些经营者存在注重眼前利益的短期行为，而政府职能部门缺乏有效的管理手段。

例如，在旅游高峰期，导游不足或讲解水平参差不齐，影响了崇左市旅游产业在旅游者心目中的形象。

5.3.3 旅游产业发展机遇分析

崇左市旅游产业发展将迎来四个重要机遇，包括政策机遇、市场需求转变机遇、旅游产品机遇、区域地位机遇，每项机遇都将在崇左市旅游产业发展中起到至关重要的作用。

（1）在政策机遇方面，近期国家和地方出台的各项旅游产业发展促进政策是崇左市旅游产业发展的重要保障机遇。

国家层面，2013 年国务院发布《国民旅游休闲纲要》，明确了国民旅游休闲产业发展的目标、任务及措施，将带动旅游产业相关部门与企业的发展、激发并提高国民的旅游需求和消费能力。同期，第十二届全国人大常委会通过了《中华人民共和国旅游法》，标志着中国旅游产业将全面进入有法可依、依法治旅的新时代。2014 年国务院再次发布《关于促进旅游业改革发展的若干意见》，明确指出了旅游产业发展的各项指导性措施，为全国以及地方旅游产业发展指明了方向。

地方层面，2013 年广西壮族自治区政府出台了《加快旅游业跨越发展的若干政策》，包括财税、投融资、土地、产业融合、配套扶持等政策，为旅游产业发展提供了极佳的政策保障。2014 年，广西壮族自治区党委书记彭清华提出“发现山水崇左，圆梦别样桂林”的发展战略，表达出崇左市旅游产业在全区的重要地位以及自治区政府对崇左市旅游产业发展的重视。2015 年，广西壮族自治区政府重磅出台《关于进一步加快广西特色旅游业发展实施意见》，再次为广西旅游产业发展添力。

（2）在市场需求转变机遇方面，旅游目的从观光向休闲度假的转向是崇左市旅游产业发展的重要需求机遇。

随着我国社会经济的进一步发展，人们出游的目的逐渐从观光转向休闲度假。这种转向将带来三个方面的改变：首先是人们出游时间的延长，休闲度假比走马观花式的观光旅游需要更长的时间；其次是人们对旅游地旅游产品和服务要求的提高，精致化的产品和服务将是旅游产业发展的重要方向之一；最后是旅游地观光功能向休闲度假功能的转变，旅游产业发展是以旅游者需求为导向的，需求的转变必将带来供给的转变。凭借优良的生态环境、高端的生态旅游资源以及世界级的文化产品，加之广大国民的休闲度假需求，崇左市将成为未来休闲度假的重要旅游目的地。

（3）在旅游产品机遇方面，准世界文化遗产左江花山岩画是崇左市旅游产业发展的重要供给机遇。

世界文化遗产在区域旅游产业发展中的重要地位与角色已得到业界的认可，其作为世界级的旅游资源吸引着无数旅游者慕名而来，可谓旅游产业发展的“核动力”。作为2016年我国世界文化遗产唯一的申请项目，左江花山岩画有望成为我国第49处世界文化遗产。若申遗成功首先将带来一定的保护资金，为左江花山岩画的保护与进一步挖掘提供有力的资金保障，然后还会带来多个方向的投资资金，为左江花山岩画景区的包装和升级开足马力，崇左市将迎来前所未有的旅游产业发展高潮。

（4）在区域地位机遇方面，中国—东盟国家可持续发展、“一带一路”等上升为国家战略是崇左市旅游产业发展难得的政治机遇。

中国政府把中国—东盟国家可持续发展、“一带一路”上升为国家战略。2015年11月5日至7日，习近平总书记首次以党和国家领导人的身份对越南进行国事访问，中越发表联合声明，双方将重点推动以下领域的合作：①执行好两党合作计划；②落实好两国外交部合作协定书，保持两部领导经常交往；③保持两军高层交往；④加强两国间发展战略对接，推动“一带一路”倡议和“两廊一圈”构想对接；⑤扩大科技、教育、文化、旅游、新闻等领域合作。习近平总书记还表态升级中国—东盟自贸区[①]。目前，中国—东盟自贸区作为经济总量约11.4万亿美元、人口近20亿的大市场，双方携手共进，成为世界经济格局中的重要板块，更是全球经济发展的动力引擎。[②] 随后习近平总书记还访问新加坡，中国与东盟各国关系不断升温。

可以断言，作为“陆路东盟桥头堡”城市——崇左市，其经济、社会发展的方方面面都必将受益于国家东盟大战略等政治、地缘机遇，从而得以高速发展。就单从旅游产业角度来看，也将进一步推动基础设施投资，东盟国家旅游者入境游、国内旅游者经东盟国家出境游、强化与东盟国家国际旅游合作等持续升温，均为崇左市提高旅游产业知名度，实现旅游产业跨越式发展注入新动力。

5.3.4 旅游产业发展威胁分析

在优势与机遇并存的背景下，崇左市旅游产业发展即将走上快车道。然而，在铆足干劲的同时，也应当意识到其面临的三个方面的威胁：旅游资源雷同威胁、周边城市竞争威胁以及边境旅游稳定性威胁。

（1）旅游资源雷同威胁是崇左市旅游产业发展目前面临的主要问题。

崇左市旅游资源以生态和文化见长，除左江花山岩画外，其他旅游资源相较于周边省市的资源均不具有较强的排他性。桂林山水等喀斯特地貌、防城港等城市的边关文化、七彩云南的自然风光和少数民族风情等，与崇左市相关旅游资源具有较大的同质性。旅游资源雷同对于起步较晚的城市是重大的威胁，主要表现在旅游产品开发和知名度提升上。因此，如何在部分资源雷同的情况下走出差异化的发展道路是崇左市面临的重要难题。

---

① 中越发表联合声明［EB/OL］. 搜狐网，http：//mt. sohu. com/20151108/n425623307. shtml.

② 开创与东盟全方位合作新局面［EB/OL］. 人民网，http：//politics. people. com. cn/n/2015/1108/c1001－27790260. html.

（2）周边城市竞争威胁是崇左市旅游产业发展难以逃避的现实问题。

作为新兴城市，崇左市在旅游产品开发、基础设施建设、旅游市场宣传营销、旅游业管理实践等方面均存在方向不明、力度不足、经验欠缺等问题。相对于周边其他旅游产业发展成熟的城市，如桂林、昆明、大理、丽江，崇左市在景区景点知名度、产品包装、服务质量等方面都略处下风，而且以上四个城市在地理区位上对崇左市形成半环形包围的态势，更是加剧了崇左市从中吸引客源的困难。因此，如何在竞争处于弱势的情况下冲破旅游产业发展成熟城市的包围，在区域旅游产业中占据一席之地，是未来崇左市面临的又一难题。

（3）边境旅游稳定性威胁是崇左市旅游产业发展中面临的不确定性问题，且隐患较大。

东南亚入境旅游是崇左市旅游产业的一大优势，促使其入境旅游业在广西各市中处于领先地位，然而其入境旅游的发展主要源于其优越的地理区位，但边关城市存在边境旅游稳定性威胁问题。边境旅游涉及政治、外交、安全、关税、边防、海关管理、外汇管理等各方面因素，任何一个因素的消极变化，都可能给边境旅游带来致命的影响，其中最主要也是最可能出现变数的是政治和安全方面。边境旅游稳定性威胁问题的影响主要体现在东南亚入境旅游的暂停以及国内旅游人数的大幅度下滑，这两个方面都将对崇左市旅游产业产生重创。因此，边关城市在发展旅游产业时应对边境旅游稳定性威胁问题做好充足的准备，将不利影响的发生率降至最低。

5.4 崇左市旅游产业发展战略制定

2014 年，在广西壮族自治区党委书记彭清华提出的“发现山水崇左，圆梦别样桂林”发展战略的指导下，根据崇左市旅游产业发展自身现状特点，本书提出旅游产业发展的“五大战略”：旅游产业跨越式发展战略、世界文化遗产引领化战略、旅游产业差异化发展战略、旅游资源一体化战略、区域旅游产业融入化战略，以期为崇左市旅游产业发展把舵引航。

5.4.1 旅游产业跨越式发展战略

根据 Bulter R. W. 提出的旅游地生命周期理论，旅游地的演化经过可划分为六个阶段：探查阶段、参与阶段、发展阶段、巩固阶段、停滞阶段、衰退或复苏阶段，目前崇左市旅游产业发展处于前期阶段。凭借高等级的旅游资源与政府的高度重视，崇左市旅游产业实现跨越式发展具有较高的可行性。

崇左市旅游产业跨越式发展包括两个层面的跨越。第一个层面是旅游地生命周期阶段的跨越，即在短期内从发展阶段的前期达到发展阶段的后期，甚至达到巩固阶段，本质上是发展速度的提升。为实现该层面的跨越，需在高等级旅游资源的基础上，继续保持政府对旅游产业的高度重视，同时加大招商引资的力度、科学规划景区景点开发建设、提升旅游产品和服务质量、提高旅游资源知名度、改善目的地接待水平等。第二个层面是旅游产业功能的跨越，即从旅游产业的观光功能到休闲度假功能的跨越。在我国居民出游目的已明显转向休闲度假的背景下，国务院《关于促进旅游业改革发展的若干意见》中明确提出应建立科学旅游观，积极推动旅游产业向观光、休闲度假并重转变，苏州、杭州、南京等旅游产业发达城市也均已开展城市休闲度假产业规划。需要指出的是，观光功能与休闲度假功能并不是独立存在的，休闲度假功能是观光功能的升级与完善。崇左市具有发展休闲度假产业的良好基础，在旅游产业发展起步的同时应具备与时俱进的长远眼光，以休闲度假产业的培育为引导，实现旅游产业功能的跨越。

5.4.2 世界文化遗产引领化战略

左江花山岩画作为准世界文化遗产，对崇左市旅游产业发展将产生轰动性的影响。利用旅游产业中的世界文化遗产效应将是崇左市旅游产业快速发展的重要途径。

世界文化遗产引领化战略是指以世界文化遗产作为核心旅游资源以及旅游产业发展的重心，努力将其打造成世界级的旅游产品，并由此带动区域旅游产业的整体发展。未来崇左市旅游产业发展应避免采取多点开花、全面发展的策略，应在合理的情况下将资金、人力、物力等集中于左江花山岩画景区的开发和打造。左江花山岩画作为准世界文化遗产，是2016年我国唯一的世界文化遗产申请项目，即将成为我国的第49处世界文化遗产。将其作为崇左市核心的旅游开发项目原因有三：其一，这是由旅游产业本身的特点决定的，区域旅游资源的全面开发与包装并不能带来很好的效果，而集中投资、重点开发的方式适合旅游产业发展的特点，很多城市的发展经验均可佐证这一点；其二，左江花山岩画是世界级的旅游资源已得到认可；其三，申遗过程及申遗成功后，左江花山岩画在全国乃至世界的知名度将飙升，趁热打铁是明智之举。因此，崇左市应把左江花山岩画景区作为旅游产业发展的重中之重，在投资、人力、规划、开发、包装、宣传、配套等方面都应重点对待，顺申遗成功之势将左江花山岩画景区打造成为世界级的旅游目的地。此后，左江花山岩画景区的发展必将带动崇左市旅游产业的整体发展。

5.4.3 旅游产业差异化发展战略

在旅游资源雷同、旅游产业竞争激烈的背景下，寻求差异化发展路径是崇左市旅游产业发展实现突破的重要方向。

旅游产业差异化发展战略是指区域旅游产品和服务的打造应在充

分发挥自身特色的同时，与周边其他区域形成显著差异。该策略适用于两种情况，一是宏观层面对各相邻区域旅游产业发展的指导，如2011年江苏省旅游局对省内100多个古镇开展的差异化发展研究；二是后发区域旅游产业发展的自身选择，有利于其避免正面竞争以及融入大区域的旅游产业发展。崇左市部分旅游资源与桂林市、南宁市等周边城市有雷同之处，导致旅游产品和服务难免受到同质化的消极影响进而阻碍旅游产业发展。在立足自身旅游资源特点的基础上，参照周边城市的旅游产品和服务，深度挖掘边关风情、历史及民族文化等地方特色，积极升级旅游产品及服务，走出一条具有自身特色的差异化道路是未来崇左市旅游产业发展的必然选择。

5.4.4 旅游资源一体化战略

彩线串珠是区域旅游产业发展中惯常采用的一种旅游资源整合的方式，有利于旅游产业的整体化发展。而旅游资源一体化更是彩线串珠方式的加强版，在区域旅游资源的整合、联动、协调等方面具有重要作用。

旅游资源一体化战略是指统筹区域内绝大多数的旅游资源，在组织机制、规划设计、产品开发、基础配套、宣传营销等方面采取统一部署、有序规划、协调联动的发展路径。崇左市旅游资源主要分散在周边县市，受内部交通不便、景区间竞争等不利因素的影响，容易形成各自为政的消极局面，阻碍旅游产业发展。因此，采取旅游资源一体化战略是促进崇左市旅游产业整体发展的可行途径。首先是组织协调机制的建立，各级政府应加强领导，建立崇左市旅游统筹协调机制，强化各相关部门的联动；其次是旅游产业发展机制的建立，景区景点的开发、产品和服务的打造、市场的宣传营销、基础设施的配套等方面都应系统化、协调化、整合化，充分发挥世界文化遗产的带动作用；最后是监管服务机制的建立，强化规划、引导作用，建立健全旅游标准化体系、统计体系，对不同地区提供分类指导，完善旅游产业应急响应平台。

5.4.5 区域旅游产业融入化战略

团结就是力量也存在于区域旅游产业发展之中。受资源数量和质量、旅游者旅游综合效率等方面的限制，单一城市的旅游产业发展往往无法发挥出更大的能量，而融入区域旅游产业是提升单一城市旅游产业知名度与竞争力的有效途径。

区域旅游产业融入化战略是指城市的旅游产业发展应与周边城市在旅游产品和服务打造、整体形象定位、大区域市场营销、区域内部交通网络建设等方面进行有效融合，以提升自身吸引力，提高知名度与整体竞争力。典型的例子就是七彩云南的旅游产业发展，虽然昆明、大理、丽江、西双版纳、香格里拉等地均具有大量高等级的旅游资源，自身竞争力十分突出，但通过对云南各县市旅游产业进行有效整合，使其融为一体，起到了意想不到的效果，七彩云南几乎家喻户晓，成为众多旅游者此生必去目的地之一。崇左市拥有世界级的旅游资源，但由于经济、区位等因素的限制，旅游产业发展依然无法实现大的突破，因此，融入大区域旅游产业也是未来较为明智的选择。崇左市的区域旅游产业融入化发展可以有两条思路：一是与北部湾城市群、桂林市、南宁市进行旅游产业融合，打造广西特色旅游产业，近期可行性较高；二是与广东、云南、贵州、湖南等省份进行旅游产业融合，打造华南精品之旅，远期值得期待。

6 崇左市旅游产业发展对策建议

在第五章的崇左市旅游产业发展“五大战略”的宏观指导下，本书从政策制定、资源配置、市场定位、宣传营销、智力投入等方面对近期和远期问题提出战术上的对策。

6.1 发挥政府在旅游产业发展中的引导作用

6.1.1 全市建立“大旅游”支持保障系统

旅游产业发展离不开政策的扶持，对经济水平相对薄弱的崇左市来说更是如此。目前崇左市在旅游产业政策扶持方面已经做了大量努力，但政策的有效性和持久性仍需进一步加强。第一，已有的相关政策中多次提到促进旅游产业的发展，但未明确旅游产业的突出地位，作为我国的战略性支柱产业，崇左市应当更加重视旅游产业的发展，因此，突出旅游产业的重要战略地位以及提升其发展的优先级是政策制定中需要重点考虑的问题。第二，政策制定应具备前瞻性和针对性。政策制定是建立在严谨的科学分析基础之上的，不仅要体现在鼓励和激发层面上，还需要指引旅游产业发展，比如，旅游产业发展中对环境的保护，对发展方向的引导。针对性体现在政策的制定要密切结合当地的实际情况，切勿盲目地紧随国家层面的政策号召。对崇左市旅游产业的动态监测和分析是针对性政策制定的前提。第三，应进一步提高扶持政策的执行力，建立政策执行保障机制，确保政策在各级政府和相关单位中有效执行。第四，政府要在各个职能部门之间建立起良好的协作机制，发挥好各个部门在旅游产业发展中的协同效应，旅游相关部门尤其注重加强与市委宣传部、市社科联等关联性强的部门的合作，要协同发力，市委、市政府可设置一些考核指标来量化各个部门的协作。第五，旅游产业扶持政策应与时俱进，在崇左市旅游产业发展过程中，相关政策应全面、有效、持久、动态地对旅游产业进行鼓励和扶持。

旅游资源的开发有赖于保障系统的建立，广义上的保障系统包括交通、通信、电力、金融、卫生等构成的社会经济体系[①]，旅游作为崇左市支柱产业之一，深入实施“发现山水崇左，圆梦别样桂林”发展战略，就必须在全市各个职能部门构建“大旅游”概念，不能让旅游部门“小马拉大车”，否则旅游部门独木难支崇左市旅游产业这座“大厦”。

6.1.2 加强法制保障，营造良好“依法治旅”发展环境

法制建设是旅游产业发展的重要保障，走“依法治旅”“依法兴旅”之路最符合广大旅游投资者、从业人员和旅游者的最根本利益及需求。第一，在发展旅游产业的同时，必须坚持依法保护生态环境等旅游资源，有序、科学、合理地开发。第二，依法保护旅游产业投资主体的合法权益，才能真正激发投资者投资崇左市旅游产业的热情。第三，旅游产业作为综合性产业，涉及面广，活动复杂，在旅游者、旅游规划和促进、旅游经营、旅游服务合同、旅游安全、旅游监督管理、旅游纠纷处理、法律责任等方面均需要相关法律的保障。因此，崇左市相关部门应认真贯彻执行《中华人民共和国旅游法》《广西壮族自治区旅游管理条例》和《导游人员管理条例》，加大“依法治旅”力度，提

① 王欣，吴殿廷，方修琦，肖敏．旅游资源整合新论［J］．桂林旅游高等专科学校学报，2005（4）．

高依法行政意识，建立依法行政规范，提高执法水平，做好执法监督，发挥各级旅游质监队伍在依法行政中的作用。同时加大旅游市场的整治力度，规范旅游市场秩序，及时处理旅游投诉，保护旅游者和经营者的合法权益。[①] 第四，提升各主体的旅游安全意识，尤其在旅游高峰期，做好安全防患措施，公安等部门确保旅游安全。

6.1.3 科学规划旅游资源，实施集群式、异质化开发

旅游资源经过整合后能够强化旅游主题，鲜明旅游形象，增强整体实力，提升旅游产品竞争力，更便于集中保障旅游公共产品供给。旅游资源整合的路径和方法主要有：空间层次整合，将同属一个较高空间层次的旅游资源进行整合，形成一个大的旅游资源，建设一个大景区，扩大规模，提升档次，集中力量开发产品，开拓市场，[②] 例如，将德天跨国瀑布景区与明仕田园进行整合升级，提升旅游承接能力；共生整合，将一些小的景点进行整合，实现共同生存，共同发展，如安平旅游景区与德天跨国瀑布景区、明仕田园整合；以及主题整合、产品整合、龙头整合、线路整合等。通过对全市旅游资源的整合，改变崇左市目前“小、散、弱”的不利局面，丰富旅游内容，促进全市各旅游景区协同发展。

对崇左市旅游资源集群式、异质化开发，集中人力、物力、财力办大事，主要思路是：大新县—江州区突出山水主题，德天跨国瀑布景区、石景林景区、明仕田园、白头叶猴生态保护区、左江游、归龙斜塔等；凭祥市—龙州县突显跨国文化、边关风情、红色旅游、伟人足迹、军事文化等主题；宁明县—市本级，左江花山岩画、骆越祖根文化，市本级可打造一些壮族文化元素的舞台剧、东盟国家文化风情

① 自治区人民政府转批自治区旅游局关于进一步加快广西特色旅游业发展实施意见的通知［J］. 广西政报，2014（12）.

② 王欣，吴殿延，方修琦，肖敏．旅游资源整合新论［J］．桂林旅游高等专科学校学报，2005（4）.

旅游园区等特色旅游资源。扶绥县可以重点开发都市休闲乡村旅游、养老养生主题。

6.1.4 强化区域协调职能，实现跨区域、跨国际旅游合作

随着区域经济一体化进程的不断加快，旅游区域之间加强联系、进行竞争性合作，是区域旅游产业发展的内在要求和必然趋势，也是区域旅游产业发展的催化剂和加速器。在实践中，要围绕推动区域旅游一体化的目标，组建跨区域旅游联盟，构建战略合作伙伴关系，建立跨区域、多层次综合协调机制，推进区域旅游资源共享、旅游产业联动、旅游市场共拓、旅游产品对接、旅游品牌共建、旅游客源互动，共同打造区域旅游经济共同体，不断深化旅游区域的交流与合作，形成区域旅游合作共赢和跨越发展的实质格局。

崇左市不断深化旅游区域交流与合作，一是积极融入广西旅游“三区一带”的格局，与北部湾旅游群结成“共同体”，建立利益协调机制，甚至“抱团”到我国港澳台地区、日本、韩国、东盟国家有针对性地进行市场开拓、宣传推广；二是积极融入粤港澳、云贵湘等区域的旅游集群，建立紧密的协作机制，这些地区是崇左市旅游核心客源地；三是与越南谅山、高平、河内等签订旅游合作协议，积极推进中越德天—板约跨国瀑布国际旅游合作区和中越友谊关国际旅游合作区建设，共同打造中越边境旅游经济共同体，努力建成中国沿边旅游对外开放先导区、国际旅游合作示范区。

6.2 优化旅游资源要素

6.2.1 优化旅游服务设施的资源要素配置，提升游客综合体验价值

一些地区看似旅游资源丰富，却得不到旅游者的认同，而一些地

方却总能凭借细微之处取胜。旅游体验理论告诉我们，旅游者需要的是一次完整而满意的体验。就像人们到餐馆吃饭，一次满意的就餐绝不仅仅是因为一两道可口的佳肴，就餐环境、服务、饮食文化的内涵等共同构建了就餐体验。住宿、餐饮、娱乐、购物是旅游活动的支撑要素，通信、医疗、美容等生活服务，交通、电力、供水等基础设施，都将影响旅游者的愉悦体验，这对于提升旅游地整体服务水平和旅游者满意度起着至关重要的作用。

崇左市在资金不足的情况下，基础设施的建设与完善应有的放矢，坚持有序开发的原则，坚持市场导向，引入民间资本。

第一是住宿方面，根据不同层次旅游者的住宿需求，倡导在标准化、细微化服务的基础上提供个性化服务，如发展数字化酒店、国际连锁酒店、保健疗养酒店、温泉酒店、“绿色”酒店等。目前崇左市缺乏著名品牌、国际性品牌五星级酒店，积极推动著名品牌、国际性品牌五星级酒店的建设将对城市整体形象的提升产生积极影响。同时，加快快捷酒店、民宿、青年旅馆等便捷、经济型住宿设施的建设，还可以考虑在边境村落、古村落发展特色、体验式住宿设施。

第二是餐饮方面，餐饮设施并不一定要追求等级，但更重要的是特色、质量和卫生。在深入挖掘地方美食特色的同时还应考虑旅游者的接受程度，以旅游者需求为导向打造一批具有丰富民族文化、地方文化内涵的特色美食。质量和卫生方面应加强监管，建立旅游者反馈机制，及时纠正不良问题。

第三是加强旅游景区的娱乐设施，如儿童游乐园、影视城建设，以增强旅游者互动、乡野寻趣等，提升旅游者的体验价值。借助丰富的娱乐项目，尤其是夜间文化娱乐项目的开发，增强在崇左市住宿的旅游者的黏性，实现崇左市旅游产业综合效益的提升。

第四是监管方面，对住宿、餐饮、娱乐、购物等方面建立严格监管机制，保障质量。

6.2.2 强化交通、医疗等基础设施，营造舒适旅游氛围

旅游交通是连接客源地与目的地的桥梁，提高目的地交通可达性，也是区域旅游产业竞争力的体现。旅游交通可分为区际交通，即对外的大交通，如铁路、航空、高速公路等，以及区内交通，即内部小交通，如公交车、出租车、观光车等。从本质上讲，交通网络不一定要四通八达，但可达性、便捷性要高。受区位限制，崇左市交通可达性有待进一步提高。在区际交通方面，首先，应疏通南宁吴圩国际机场至崇左市著名旅游景点的直达线路，提高航空可达性。作为边关城市，崇左市与客源地综合距离相对较远，旅游者选择航空的可能性更大，充分利用南宁吴圩国际机场是解决远程交通的明智选择。与此同时，应对崇左市航空交通的较高可达性进行大力的宣传，弱化旅游者的感知距离。其次，加快促进高速公路与动车组列车的建设工作。高速公路是团体旅游和自驾车旅游的重要交通方式，而动车组列车也已成为人们出游的第一交通选择。加强与交通主管部门的协商以及地方政府在对外交通建设方面的政策支持与资金投入，以加快高速公路与动车组列车的建设。

在区内交通方面，首先，应加快辖区内重点旅游市、县、区重点旅游景区和旅游度假区的等级公路建设和改造，形成通畅的旅游交通网络。其次，完善旅游专线交通，尤其是公交车和景区旅游专线车辆的配备。打造或引进旅游者落地租车服务产业，以提高内部交通的便捷性。最后，改善旅游交通配套条件，完善区内各交通站场的设施和服务功能，在道路沿线增设国际标准的交通标志牌、标线等解说系统，加强交通秩序管理，保障旅游者安全。

崇左市辖区内的交通不仅要在可通达性上面做文章，还要成为旅游活动的载体或吸引物。一些道路本身可以作为游览的载体和欣赏对象，如沿途种植各种木棉树，沿途风情故事的发掘，车览景点的开发

等，使得孤寂、苦闷的乘车时间成为旅游乐趣的一部分；一部分交通工具和设施可以成为旅游的主要载体和欣赏对象，例如，黄河上的羊皮筏子、江南木船等；[①] 有的交通活动直接成为游憩的主体活动，如左江游船等。

在医疗设施建设中，主要是科学规划区域内医疗服务站、社区服务点的数量，合理设置医疗服务站的位置。同时，注重对服务站医护人员应急处理能力的培养，培养医护人员遇事不慌张，冷静、高效、及时的处理能力。

6. 2. 3 强化旅游导视系统建设，保障服务畅通

崇左市距离南宁吴圩国际机场仅 1 个小时车程，具有良好的航空交通优势。高铁站南宁东站距离崇左市也仅仅一个半小时车程，南宁市到崇左市的高铁已经列入国家发展规划 2015 年开工项目，总长 200 千米的南宁市至南宁机场至崇左市轻轨拟于 2016 年开工建设，2018 年建成。航空和高铁是现代旅游者出行的主要交通工具，崇左市必须高度重视机场、铁路等旅游者集散地的导视系统建设。

6. 2. 3. 1　机场交通导视标识

（1）在南宁吴圩国际机场设置导视标识，包括机场平面导视图，出租车、城市公交、机场大巴、主要旅游景点指引导视标识。

（2）由于机场内有各国客人，因此，在机场必须多设置少用文字甚至不用文字就可以准确传达信息的导视标识。

（3）不得不使用语言导视标识时，应保证标识内容简洁明了，没有歧义，同时使用中英文双语标识。

① 王欣．旅游空间学说框架探讨［M］．北京：中国财政经济出版社，2011.

6.2.3.2 铁路与城市轨道交通导视标识

（1）应在车站空间内设置明确的导视标识，包括列车运行方向、站点、进出站方向、站内换乘通道、停车场位置等重要公共设施。

（2）在铁路与城市轨道交通两侧设置导视标识，包括距离主要景区或交通道路的公里数、景区等级、指引方向等，根据需要可设置中英文双语标识。

6.2.3.3 城市公共交通导视标识

（1）在城市交通枢纽、旅游活动场所等旅游者数量相对集中的地方，应设置城市主要旅游景区、街区等地方的旅游交通图或导视标识；整修时应设置临时导视标识。

（2）旅游景区的交通图或导视标识应包括景区名称（中英文对照）、等级、公里数、方向指引等内容。

（3）在特色景区、街区、知名餐饮场所、住宿场所、购物场所、娱乐场所等地方应设置城市公共交通导视标识。

6.2.3.4 城市景区导视标识

（1）在主要旅游景区、街区等入口处应设置景区全景图（景区总平面图），具体包括景区全景地图、景区文字介绍、游客须知、景区相关信息、景区服务电话等内容。

（2）夜间营业或活动场所应有夜间导视标识。

以上所有导视标识应符合 GB/T 10001.1、GB/T 10001.2、GB/T 10001.3、GB/T 10001.4 和 GB/T 10001.5 的规定；各类导视系统设计应符合 LB/T 012—2011 的规定。

6.2.4 营造良好的边境旅游购物环境

旅游购物是旅游活动的重要组成部分之一，旅游购物收入在旅游产业总收入中占有很大比例。然而，崇左市在旅游购物这一环节做得并不理想。有研究表明，影响旅游者购物行为的因素主要有如下三个方面：第一，旅游商品的文化内涵，旅游者喜欢购买具有浓郁地方文化特色的旅游商品；第二，旅游商品的使用功能，比如旅游商品的纪念价值和馈赠功能；第三，尤其关注购物风险，简单地说，就是关注旅游商品的价格和质量，旅游商品要物有所值。

为了营造良好的边境旅游购物环境，首先，崇左市有关部门要进行旅游商品规划，引导具有本地特色的旅游商品的研发、生产，以及销售活动。鼓励开发、引进越南的坚果、泰国的精油等东盟国家特色旅游商品，支持建立异域风情的购物街道等，增加旅游购物在旅游消费中的比重。其次，政府要发挥监管部门和行业协会的指导作用，大力规范旅游购物经营活动，营造诚信、特色、便捷的边境购物环境。

6.2.5　与各大旅行社合作共赢，以旅行社视角提升品质

团体旅游依然在旅游市场中扮演着重要角色，尤其是对区位偏远的边关城市。崇左市应充分利用旅行社在市场营销、旅游者招揽、落地服务等方面的积极作用。首先，加强各大景区与旅行社、崇左市与旅行社的合作关系，给予各大旅行社更多的优惠政策，签署合作协议，确保各项工作的顺利进行。其次，应大力加强本地旅行社或大型旅行社分社的建设，增强落地对接能力，提高旅游者旅游的流畅性与满意度。最后，改善团体旅游的接待质量，对导游服务质量进行严格管理，要求在旅游的各个环节做好服务工作，并给予一定的岗位补贴，保证服务质量。

旅行社不仅仅是崇左市重要的旅游客源渠道之一，我们更要以旅游社的视角来优化崇左市的旅游产品和服务。旅行社是专业化、市场化程度较高的机构，能够客观地反映市场需求，我们应该重视通过旅行社来提升崇左市旅游的品质。

6.3 基于客户价值的营销策略

6.3.1 建设特色化旅游品牌形象

当前，世界经济已经进入全新的品牌经营时代，市场竞争某种意义上来说就是品牌的竞争，建立特色鲜明的旅游品牌形象已经成为提升崇左市旅游产业竞争力的必然选择。

打造一个城市特色鲜明的旅游品牌形象，首先，需要一个准确的旅游品牌形象定位。一个城市的旅游品牌形象定位，需要对本地区的旅游资源、旅游市场、历史文化沉淀等进行科学的综合评估。崇左市具有得天独厚的秀美山水、优良的生态环境、深厚的民族文化和历史文化，以及神秘独特的边关风情等优势。其次，在确立旅游品牌形象定位后，针对广西市场、国内市场、国际市场的旅游者的不同偏好制定出不同品牌形象传播策略。如在整体旅游品牌形象下设立不同的旅游城市口号，针对北京等雾霾严重地区的旅游者，可以强调生态环境、秀美山水等，而针对广西区内旅游者，主要强调提供休闲度假等信息。针对国内、国际市场的旅游者，可以传播以充满神奇、神秘色彩的左江花山岩画为代表的骆越文化。总的来说，秀美山水、神秘边疆、独特民族风情，应成为崇左市旅游品牌形象建设中长期坚持的关键词。

6.3.2 制定多级市场定位目标

市场定位是宣传营销的重要基础，不同市场对产品和服务的需求有所不同。崇左市在开发和拓展旅游市场时，要根据旅游者的不同类型、消费偏好，寻找与崇左市旅游产品相匹配的目标旅游者群体。

本书仅对崇左市旅游市场进行一个粗略的市场定位，提供一个基本思路，详细的市场定位尚需建立在大数据等科学分析之上。

6.3.2.1 省内（区内）市场

崇左市本地市场，包括吸引南宁市民（南宁市距离崇左市仅1小时左右车程，可视为崇左市本地市场），周末游客源是崇左市重要的客源之一。针对本地客源市场、南宁市客源市场，应重点开发周末休闲场所，如游乐场、农家乐、露营地、周末露天影院等乡村旅游，乡村旅游的定位在于“都市田园、郊游野行”，让久居在繁杂都市、厌烦了钢筋水泥的城建景观的人们，体验一种重返田园、重返乡土的感觉。

省内（区内）市场开发的重点为北部湾城镇群、百色、梧州、柳州等地，应突出崇左市在全区旅游产业中的特殊性，打造特色区内旅游目的地，强调宣传左江花山岩画等文化旅游产品，以及红色旅游等爱国、教育性质的旅游产品，如力争学生市场，打造全区爱国教育活动的首选目的地；争取党政干部教育培训市场，打造全区廉政建设、革命事迹教育基地。营造边境风情文化项目、东南亚购物等，吸引省内（区内）游客。

6.3.2.2 国内市场

国内市场方面，主要宣传左江花山岩画景区、德天跨国瀑布景区、凭祥友谊关景区、明仕田园等高等级旅游资源，灵活利用旅游产品的等级和品牌。可通过举办廉价旅游团或免费旅游团，在各大网络或移动终端平台通过抽奖的方式筛选一定数额的旅游者，在国内掀起一阵崇左市旅游热潮，以迅速提升目的地的知名度。

第一层次为泛珠三角区域城市群，这是崇左市国内旅游者的核心客源市场，也是崇左旅游市场的基础。泛珠三角区域中的省份如广东、湖南、云南、贵州、福建、海南等，与广西地缘相近，联系紧密，在宣传推广经费等资源有限的情况下，崇左市应当将主要资源投放到这些省份中，加大开发力度，尤其要加强与这些省份的省会城市、经济发达的核心城市的终端、媒介（旅行社、媒体的旅游记者）的对接工作。

第二层次为京津冀城市群、上海、山东等经济发达地区，这些地区的居民出游能力强，航空、高铁等交通便利，可以作为崇左市重点客源地来开发经营，开展相应的促销活动等，营销手段可密集、精准投放。

第三层次可以利用“反向旅游”规律，拓展东北三省、内蒙古等地市场。这些城市虽然距崇左市距离较远，经济联系也非紧密，但可以利用“反向旅游”规律，开展南北地域差异的旅游度假项目。例如，冬季旅游，海南岛大受北方人欢迎。这些地区可开展季节性重点营销活动，如在每年冬季来临之前开展系列市场营销活动，接纳东北“候鸟式”旅游者，力争打造继海南之后又一北方人冬季旅游目的地。

6.3.2.3　国外市场

国外市场方面，主要对象包括我国港澳台地区、日韩及与崇左市毗邻的东盟国家市场。我国港澳台、日韩等地区和国家的居民收入较高，居民出行旅游意愿强烈，在我国入境旅游人数中保持较高的比重，而东盟国家与崇左市毗邻，文化等方面相近，崇左市可以从优化东南亚入境政策和手续着手，简化入境流程的复杂程度，让崇左市成为东盟国家旅游者到中国旅游的第一站。欧美国家距离崇左市较远，但这些国家的居民收入水平较高、出国旅游能力强，未来根据发展需要可以作为潜在市场适度开发。

从崇左市的实际情况来看，目前应以省内（区内）市场和国内市场开发为重点，积极拓展港澳台地区、东盟国家、韩国、日本等入境旅游市场。国内非核心、非重点客源地市场及国际市场的拓展，以网络营销等低成本营销方式为主。

6.3.3　实行精品化旅游产品策略

精品化是未来旅游产业发展的主流。崇左市在旅游产业发展过程中，不仅要紧跟时代步伐，更要引领旅游产业发展潮流，实现精品化旅游产品策略。

首先，建立顾客数据库。服务企业在发展过程中最主要的就是顾客信息，因而，在开发旅游产品的过程中崇左市首先就应该建立起接待的旅游者数据库，通过数据库的建立，找到受众群体的喜好，以此为依据进行崇左市主题游产品的设计。崇左市在开展旅游接待活动的过程中应该利用网络在旅行社与旅游者之间搭建一座桥梁，通过旅游者数据库的建立，准确地为旅行社提供信息做出保障。同时，旅游者数据库不仅仅是解决旅游者出游喜好的问题，同时应该广泛包括旅游市场运营发展过程中的宏观上的市场环境变化、旅游市场运营方式以及市场发展规模等一系列数据。最后，在建立旅游者数据库的时候，要具有针对性。具体来说，一方面与当前的旅游网站建立合作关系，另一方面，注重智慧旅游的发展，协助区域内的旅行社建立自己的门户网站，做好旅游者信息注册的统计工作。政府应协助旅行社做好对旅游者信息的统计工作，建立旅游者的喜好数据库，根据这些统计信息有针对性地开发设计旅游产品与交通、住宿等服务设施，充分满足旅游者需求。通过这一系列的统计、设计，实现从旅游活动的产品设计、线路规划到旅游产出的舒适感，通过旅游者在旅行中的充分参与，实现旅游活动的定制化、个性化发展。

其次，差异化设计旅游产品。崇左市在发展旅游产业的过程中，应该根据崇左市各地不同的旅游产品特色设计出不同的旅游线路和旅游产品。通过差异化产品的设计，以吸引不同类型的旅游者。

最后，注重专项化旅游产品的设计和宣传。专项化旅游产品的发展是在崇左市旅游产业发展到一定阶段必然会出现的一种新的旅游产品经营发展形式。我国的专项化旅游产品发展形式分为：购物游旅游产品、医疗休养旅游产品、修学观光旅游产品、中华文化旅游产品、少数民族文化旅游产品和工业产业旅游产品等几方面。针对不同需求的旅游者，有重点地宣传崇左市旅游产品优势，通过观光旅游、休闲旅游、度假旅游等产品的结合，吸引包括越南同胞在内的世界各国旅游者前来观光、度假，促进崇左市旅游产业迈上新的台阶。

6.3.4 开拓“旅游+互联网”的网络营销形式

互联网是目前市场宣传营销最重要的平台，加强网络营销是崇左市旅游产业宣传工作的重中之重。

首先，与国内的同程旅游、携程网、去哪儿网等专业旅游互联网企业进行广泛深入的合作。其次，建立自己的互联网营销互动平台，其中最常用、用户最多的网络社交工具主要有微博、QQ、微信等，要高标准建立崇左市旅游机构（管理部门、景区等）的官网、官方微博账号、微信公众号等，按照市场配置资源的思维聘请专业人士或委托第三方机构进行营运推广。门户网站主要以各大视频网站的广告效果最佳，如搜狐、爱奇艺、优酷等，通过在某一或若干网络平台进行持续市场营销，对崇左市旅游产业知名度的提升将起到巨大作用。最后，营销方式应有所创新。在通过主流营销途径进行市场营销的同时，应另辟蹊径，寻找提高市场知名度的突破口。通过对各类旅游者群体的抽样调查，研究便于旅游者获取信息和增强出游意愿的营销方式。从人们日常生活中最常接触的网络平台入手，嵌入营销广告，可以大大提高广告的有效性。如可号召本地居民，尤其是在校大学生，利用微博、QQ、微信等平台转发崇左市旅游景点的图片、营销活动等。又如，可巧妙利用热播剧《花千骨》的知名度，打出“在长留仙境寻找真爱”“在德天跨国瀑布感受长留仙境”等宣传口号，提高德天跨国瀑布的国内知名度。

6.3.5 协调各种宣传、营销方式和手段

现在的旅游市场竞争激烈，早已不是“酒香不怕巷子深”的年代

了，旅游产业发展必须重视运用各种宣传、营销方式和手段。

第一，旅游宣传、营销经费应列入各级政府的财政预算，强力保证并逐年增加，经费要进行绩效考评，保证相关费用要出实效，旅游专项经费使用切忌“撒胡椒面”，要集中资金在核心客源市场，重点客源市场每年做一两次“大手笔”活动。第二，加大事件营销活动策划（摄影赛、东南亚模特比赛等），利用媒体宣传（报纸、电视、广播、网络、杂志）、聘请城市代言人等现代化、多样化的营销手段进行宣传推广，一年策划几次能够吸引旅游者的大事件，从而快速提升崇左市的知名度、美誉度。当然，事件营销要遵循四个原则，一是要与崇左市旅游品牌形象相符。二是要注重美誉度，而不是单一的知名度。三是注重质量、影响力，而不是单看活动数量。活动不在于做了多少次，更在于活动的规格、档次和影响力。四是结合热点，顺势策划。比如，在电视剧《花千骨》热播时，崇左市应抓住这个大好时机，大力推出系列事件营销活动。第三，加大对外促销力度。整合旅游部门、景区、旅行社等各种资源，避免单打独斗、散兵为战，要“抱团”进行大规模促销活动，做出气势和品牌来。要敢于运用现代广告传播手段，如刘若英代言乌镇：“来过，便不曾离开”，在全国旅游者中产生了极大的共鸣。第四，组织丰富多彩的活动吸引旅游者，做到天天有打折、天天有惊喜、天天有亮点。

6.4 加强旅游“软实力”建设

6.4.1 加强文化创意产业与旅游产业的融合

伴随着经济全球化，消费需求模式发生了根本性变化，创意经济与体验经济悄然兴起，旅游产业与文化创意产业融合发展日益受到国内外业界的高度关注。美国、英国等发达国家相继制定了旅游产业与文化创意产业融合发展战略并付诸实践。2014 年，国务院《关于推进文化创意和设计服务与相关产业融合发展的若干意见》明确提出，我国要着力推进文化创意和设计服务与旅游产业的融合发展。

目前，崇左市委、市政府正在大力推动服务业发展，旅游产业和文化创意产业均为现代服务业的重要组成部分。第一，政府要主动参与，做好全市的旅游产业和文化创意产业融合发展战略规划，出台鼓励旅游产业与文化创意产业融合发展的产业扶持政策。第二，整合崇左市现有资源，如新闻宣传部门（宣传部、电视、广播、报刊）、文化部门、文联、作家协会、摄影家协会，支持鼓励“走出崇左，走向全国”，并注重“创意转向”，让这些机构的“创意重点”立足于崇左市的旅游产业。第三，广结文艺良缘，引导作家、画家、摄影家等文化创意产业的人才向崇左市聚集。以“花小钱、办大事”“四两拨千斤”的策略和思维，积极打造一年一度高规格的作家、画家、摄影家等边疆主题采风行活动，为他们提供资金、创作等便利；可以考虑建造作家村屯、画家小镇；在崇左市主办或协办、承办全国性赛事、评选、交易会等；利用各种西部、革命老区扶持等援边政策，积极与广西、中国文联等创意官方机构、社团、协会以及社会知名机构建立长期的“结对子”关系等。文化部门基于旅游产业的发展不仅带来社会效益，更会为崇左市带来更大的经济效益。第四，发展旅游产业、文化创意产业，必须大力培育市场主体。政府永远替代不了企业的市场主体作用，以优惠的政策积极引进国内外知名公司，提高文化创意产业的供给能力，如引进影视公司建造影视基地、泰国企业建造东南亚风情的文化创意旅游特色园区等。同时，实施文化创意旅游企业成长工程，打造文化创意旅游中小企业集群，如为小微企业量身定制金融服务产品，实行贷款审批绿色通道制度。

6.4.2 精心雕琢景区文字、标识等旅游产品内容

崇左市德天跨国瀑布、明仕田园、凭祥友谊关、左江花山岩画等

景点具备较强的“硬实力”，赢得了全国旅游者的广泛赞誉。但文字、标识、导游素质、景点解说词等“软实力”建设与崇左市旅游资源的品位还不协调，亟须提升。

有人形象地将旅游总结成三句话：一群编故事的人（景区）、一群讲故事的人（导游）、一群听故事的人（旅游者）。景区文字、图片等旅游产品内容的重要性由此可见一斑。风靡全国的纪录片《舌尖上的中国》用引人入胜的影像、娓娓道来的文字，将一些名不见经传的地方特色小吃，提升到全国“美食”的层面，更是将浓郁的人文情怀、家国情怀和乡土情结刻画得力透纸背。首先，崇左市应在全国范围内聘请水准最高的团队，重新打造景区文字介绍、标识等影像资料，增强景点的故事性，提升文化内涵。这其中的花费相对旅游硬件投入而言显得微不足道，却可以起到引爆崇左市旅游产业的“核武器”的作用。其次，注重提升景区服务人员尤其是导游的素质与服务能力。目前，崇左市各景点的导游只能僵化地背诵景区的解说词，甚至对本地的一些风土人情、民俗、民风缺乏基本的了解，难以为旅游者提供具有本土特色的民族风情、历史文化等文化产品与服务。

6.4.3 精心构建崇左市旅游产业的城市意象

意象是客观事物经过主体独特的情感活动而创造出来的一种形象，其中赋予了丰富的人文内涵和人类情感要素。例如，我们一提到苏州，小桥流水、亭台楼榭、江南才子佳人便跃然于心，产生安详、宁和、憧憬等情感要素。西藏，则是一幅壮阔辽美的场景，雪山、草地、牦牛、寺庙、喇嘛，还有牧民的歌声、诵经声、酥油茶香等听觉和嗅觉要素，产生了释然、豁达、神秘等情感要素。[①] 崇左市应该“制作好”一个旅游公众意象符号，强化人们的情感联系，以“美好的梦境”引

① 王欣．旅游空间学说框架探讨［M］．北京：中国财政经济出版社，2011.

发人们到崇左市的旅游行为。总的来说，崇左市旅游公众意象应着力于“发现山水崇左，圆梦别样桂林”、多彩的壮族骆越文化、神秘奇特的边关风情等要素。

旅游吸引物是指对人们有吸引力的事物，包括自然和人文的事物，也包括人造事物甚至非物质形态的相关事物。旅游吸引物是核心要素，是吸引旅游者到来的先决条件。现代旅游业，休闲度假和自助旅游逐步发展成为基本趋势，旅游行为的自主性和随机性大大增强，人们更加需要的是一个选择多样的“游憩机会谱”，而不是几个干巴巴的景点。更需要注意的是，人们在旅游中的情结、印象、依恋感等难以名状的东西越发成为重要的吸引要素和旅游目的。崇左市旅游产业发展不能仅仅关注景点的硬件建设，更要强化旅游吸引物的“吸引力”等软实力建设，尤其要重视旅游者对旅游吸引物的整体性认知模式的建立。①

6.4.4 突显旅游资源地方性，提升旅游者自然、历史、文化依恋

段义孚等人文地理学者指出“地方是一种对世界的态度，强调主观体验而非空间科学的冰冷生硬逻辑”，人的感觉、心理、社会文化、伦理道德等从不同角度阐述了人与地方的关系，共同组成了“地方理论”。②

地方性是一个地区所具有的自然、历史、民俗文化等的综合，有人戏称“旅游就是从一个自己待腻了的地方到另外一个别人待腻了的地方”，因此，独特的地方性可以使一个地方具有竞争性、唯一性和可识别性，进而成为引人入胜的旅游地。旅游过程是一种综合性体验，旅游者通过自身的参与追求获得旅游目的地地方性的关联价值和心理

---

① 王欣．旅游空间学说框架探讨［M］．北京：中国财政经济出版社，2011.

② 王欣．旅游空间学说框架探讨［M］．北京：中国财政经济出版社，2011.

满足，可见，地方性提供的不仅仅是旅游产品服务，而是一种经历体验。地方性一般有如下来源：地方自然条件、地方文化、地方系列活动组合、地方各种特色节日活动等，其中更加强调上述来源之间的互动、融合。

研究发现，旅游者并不完全根据旅游资源与旅游环境等情况来选择旅游目的地，而是对某一特定的旅游目的地具有更大的心理偏好，地方依恋是偏好产生的根本原因。优美的自然景观是地方依恋的主要吸引物，而深厚的文化底蕴让人产生强烈的认同感。例如：苏州、杭州让人沉浸于江南水乡的婉约、细腻；大理、丽江让人对云南少数民族地区的七彩风情入迷；皖南古村落让对徽州文化痴迷的人感叹不虚此行。总体来说，崇左市的旅游资源忽略了对旅游者的自然、历史、文化互动依恋的深度开发。

6.4.5 高标准提升旅游产品和服务质量

旅游产品和服务是旅游产业的核心竞争力，提高旅游产品和服务质量是常提常新的举措。目前，崇左市旅游产品和服务的打造仍处于起步或发展阶段，在多个方面都需得到进一步的加强。第一，强化景区景点的提档升级。通过多方主体的招商引资，科学的景区规划设计，专业的景区管理，提高景区质量和服务水平，取得高等级的品牌认证，如5A级景区、国家级旅游度假区、国家级生态旅游示范区等。第二，调整并优化旅游产品结构，旅游资源的开发理念直接影响了产品的质量和吸引力。崇左市应在改造提升观光型旅游产品的同时，着力开发休闲度假旅游、生态旅游，最大程度突出本地旅游资源特色，延长旅游者停留时间，提高旅游业整体效益。第三，旅游产品的精品化。旅游不是出门买菜，尤其在人们生活水平快速提高的今天，旅游者对旅游产品的要求日渐提高。首先，旅游产品的设计要突出特色，充分反映清秀的山水风光、古朴的民族风情和深厚的历史文化。其次，旅游产品的种类要多样，应涉及轻工、纺织、电子、食品等行业，充分满足旅游者的需求。在全国旅游产品雷同化严重的情况下，走出一条特色的旅游产品之路，对崇左市旅游产业来讲是挑战，更是一种机遇。旅游产品并不是普通的商品，更是一种体验。旅游产品还应讲究深加工、精包装，外观精致的旅游产品能更好地吸引并满足旅游者的需求。

6.4.6 抓好停车场、厕所、高峰期服务质量等“魔鬼细节”

一些地区看似旅游资源丰富，却得不到旅游者的认同，而一些地方却总能凭借细微之处取胜。坦率地说，第一次到明仕田园、德天跨国瀑布、老木棉·紫园等景点，就产生了一个疑问：类似这样的田园、山水风光，在广西各地并不鲜见，为何就这几个地方能得到众多旅游者的青睐呢？细究之下，笔者认为主要在于这些景点的优质服务，崇左市核心景区从一开始就引入了广东省等沿海发达地区的先进服务理念，因此服务水准比广西其他类似景点略胜一筹。当然，崇左市旅游产业的服务也并非尽善尽美，笔者也曾有过不愉悦的体验。2015 年 9 月份一次三天小长假，崇左市主要景点旅游者爆棚，在明仕田园坐竹筏时，没有导游讲解（导游数量不够），让明仕田园风光的魅力大打折扣；老木棉·紫园酒店的早餐厅乱哄哄的，菜品供应不足，严重影响了旅游者的体验价值。

近年来，客户体验价值的理念备受服务业的追捧。在服务业，很多时候客户的良好体验并不是源于惊喜，而是源于没有负面感受。西谚有句话：魔鬼在细节中，说的是不论你做什么，要小心考虑到所有的细节，否则就很有可能会出麻烦。供旅游者休息的桌椅、旅游景区停车场、旅游厕所、高峰期服务质量等“魔鬼细节”就是影响旅游者体验价值的“关键点”，崇左市政府旅游部门、行业协会不仅要抓旅游产业的“大项目”“大工程”，更要着力抓好“厕所革命”、服务人员的微笑等细微“小事”，必须本着服务无止境、精益求精的态度，做好每一个旅游者可能接触到的“细节”。

6.4.7 加强旅游产业发展的智力投入

旅游产业发展的智力投入可成为旅游产业发展的催化剂，好的人才是好的产业形成的基础。崇左市旅游产业发展的智力投入主要体现在三个方面：一是旅游管理人员的技能培训，包括政府管理人员、景区管理和服务人员、酒店管理和服务人员、餐饮管理和服务人员等。通过对相关人员的培训与考核，以满足崇左市旅游产业发展的人才需求。同时，旅游产业发展日新月异，相关的理论知识与实践经验都需要相应的更新，管理和服务要走在旅游者需求的前端。二是旅游人才的引进，包括政府和景区管理人员的引进。崇左市需打造自己的旅游人才储备库，培养不同层次的人才梯队，用好的人才支撑好的产业。如政府可在高校或研究单位聘请旅游发展顾问，景区则可聘任独立董事，成立高校旅游研究站、观测站；在国内知名高校的旅游专业设立奖学金、助学金等。三是旅游智库的支持，主要包括委托或招标知名单位进行旅游规划、景区设计、项目策划、营销策划等。目前国内旅游规划与咨询的专业研究单位和公司较多，比较知名的包括巅峰智业、北京大地风景、南京大学旅游规划研究所、中山大学旅游学院等。

6.4.8 加强旅游市场的研究能力建设

旅游产业发展要遵循客观的经济规律和旅游发展规律，防止理想化操作造成损失。尤其在市场推广、资源投入等方面要考虑以下客观规律：

距离衰减规律、市场吸引圈与门槛半径等理论。随着距离的增加和旅游时间、经济成本的上升，旅游意愿降低，出游率也相应降低。旅游市场至少存在三个重要的“时间门槛”：1 小时距离；3 ~4 小时距离；6 ~8 小时距离，分别对应不同需求的旅游者，旅游决策是经过慎重考虑和充分准备的，超出这三个时间范围属于出游率很低的范围，也就是说，我们在推广资源有限的情况下，应充分尊重旅游产业发展客观规律，以求资源利用最大化。

消费者偏好、消费者心理学理论。例如，西藏旅游和敦煌旅游，日本旅游者居多，因文化渊源导致消费偏好；欧洲旅游者喜欢自助游，他们偏好于放松和享受；美国旅游者则喜欢探险和生态旅游；国内旅游者同样因为地区差异而偏好明显不同。“反向旅游”，如海南岛冬季旅游大受北方人欢迎，越靠近城市中心区的居民，郊游意愿越强烈。“旅游飞地”产生于特殊的人文环境，一些地方与客源市场间有特殊的经济、文化、亲缘联系，出游率也会不同寻常地提高，例如，崇左市可以利用骆越文化，增加对东南亚旅游者的吸引力。

总之，旅游产业发展不能只顾“埋头拉车”，更要“抬头看路”，加强旅游市场的研究能力建设，基于旅游产业发展的客观规律、大数据、消费者偏好等发展崇左市旅游产业，可以收到事半功倍的效果。

6.5 建立旅游企业市场化经营机制

凯恩斯在《货币论》中指出，“是企业建立和提高了这个世界的财富……如果企业在运行，无论是否节俭，财富都在聚集；如果企业停滞了，无论如何节俭，财富都会衰败”。由此可见，旅游产业发展必须要高度重视发挥旅游企业的市场主体作用，政府所有扶持和鼓励旅游产业发展的行为，都要落脚到为旅游企业发展壮大提供激励。政府行为要以建立市场竞争机制为目标，既不能出现履责的“缺位”，也不能出现夺利的“越位”，也就是说，政府既要弥补旅游产业市场机制运行的“失灵”，又不能对市场利益进行“挤占”，只有良性发展的旅游企业才能支撑崇左市旅游产业持续、健康地发展。

6.5.1 以市场机制推进崇左市旅游产业发展

党的十八届三中全会明确提出，充分发挥市场在资源配置中的决定性作用。崇左市旅游产业发展需要明确政府与市场两者的关系，要遵从旅游市场经济发展的客观规律。市场是衡量产业是否具有竞争力的重要指标，因而需要按照市场规律培育与发展旅游产业，通过市场竞争的方式决定旅游产业的退出与进入机制，避免产业自我服务的密闭式的循环体系。①

应该看到，近年来，崇左市旅游产业取得了长足的进步，正是秉承市场机制的结果。目前，崇左市发展得最好的一些景区，如德天跨国瀑布、明仕田园、老木棉·紫园等，都是以民营资本为主体开发经营的。政府的职能在于提供旅游产业发展的公共产品，如产业政策、产业总体规划、市场监管、基础设施等，而景区经营、市场推广等，则应该交给专业化的旅游企业承担。

6.5.2 以财税竞争性扶持提升旅游公共品供给效率

旅游产业中的基础设施、公共服务等具有明显的公共品属性，公共品毫无疑问应该由政府提供，但政府提供并非要求一定由政府部门亲自生产。基于崇左市财政收入的现实情况以及公共品的供给效率，单独依靠政府自身投入来发展旅游产业并非最优选项。要想实现崇左市旅游产业中的基础设施、公共服务跨越式大发展，就必须用好财政政策的“杠杆效应”，用较小的财政资金发挥“汲水效应”，吸引社会资本投入到崇左市旅游产业的基础设施、公共服务建设中，从而推动崇左市旅游产业的高速发展。

第一，系统梳理并最大限度用好国家、自治区的旅游产业发展扶

---

① 张文忠．产业发展和规划的理论与实践［M］．北京：科学出版社，2009.

持，北部湾经济区及左右江革命老区振兴规划等各种财税优惠政策。第二，测算好政府在旅游产业投入的财政成本，在成本—收益、成本—效益规则指引下，采取 PPP 等方式来推动旅游产业的基础设施、公共服务建设。引入社会资本不仅能减轻财政负担，更重要的是能极大优化旅游产业中的公共品供给效率。第三，各县市要设立旅游发展专项资金，以贷款贴息、先建后补、以奖代补等方式，通过市场机制带动各类资金投入，逐级放大。第四，将部分旅游产业的基础设施、公共服务纳入到民生、经济社会发展的整体投入中，形成合力、统筹联动发展。第五，地方政府在发展旅游产业过程中并不需要在具体的旅游项目上获利，而是在旅游产业大发展中获得税收、提升消费力、扩大人流量、改善城市面貌等经济及公共利益。基于成本—收益、成本—效益等科学严谨的分析，大胆创新，敢于担当，将本来需要一次性大投入的财政资金转变为多次的“政府购买服务”行为，利用财政资金扩大市场容量，培育旅游产业市场活力，从而激励旅游企业这一市场主体的发展壮大。

应用财税政策来扶持旅游产业，必须要注意以下几个问题：一是以竞争性扶持为导向，激励旅游产业的效率提升，激发旅游产业自身的内在活力。不基于效率的扶持，就是变相的“奖懒罚勤”“奖劣罚优”。二是遵守公平原则，必须保证财政支出的公共性、合理性、合法性。三是聚焦原则，财税政策必须集中用于突破旅游产业发展中的重点、难点。如旅游景区内基础设施建设、旅游宣传推介和重点旅游产品研发等，切忌“撒胡椒面”“普惠式”政策。四是算好“发展账”“效益账”。超常规的发展必须要有超常规的担当精神，短期财政收支平衡、经济收益的账固然要算好，但是旅游产业发展不能仅仅盯着眼前的数字，还要算好旅游产业在经济社会发展中巨大拉动作用的“发展账”，改善社会环境、促进民生福利的“效益账”。

6.5.3 构建多元化旅游投融资体系

6.5.3.1 政府主导，加大旅游产业投资力度

一方面，随着崇左市的旅游产业向着新台阶的迈进，旅游产业产生的经济效益势必会成为崇左市财政收入中不容小觑的一部分。另一方面，政府应该清楚地认识到其在旅游产业发展过程中的重要性，充分发挥其主导作用。对于大型的旅游投资项目以及高风险、高投资、长回收期的旅游开发项目，政府更要勇于参与其中，充分发挥其在公共支出的旅游产业投资中的重要导向作用，从而促进旅游产业与其他配套设施的协调、持续发展，实现旅游投资在政府主导下发挥重大作用。

单单依靠政府对旅游的投资是不明智的，政府单方面的资金投入是有限的。因而，政府在发展旅游产业的过程中一定要寻求其他方面的帮助，例如，适当地征收旅游产业发展中的附加费用，多方面寻求旅游开发资金，设立旅游产业发展的专项资金等。其中，旅游产业发展的附加费用的征收方法主要是按照一定比例对经营旅游住宿业、餐饮业、娱乐产业、旅行社业、出租汽车业、旅游交通业的单位和个人等的全年营业收入或者门票收入征收公积金，其中征收范围主要是区域内的城镇范围。这些专项资金主要是用于区域政府对旅游资源进行勘探、调查以及保护，旅游市场促销，旅游服务人员的教育培训资金，旅游发展规划的制订以及旅游景区景点开发项目和设施的建设等。

6.5.3.2 改善旅游产业投资环境，吸引社会资本

在旅游开发过程中，能够吸引外商对区域旅游资源进行投资的一个重要原因就是区域有比较好的、利于外商进行旅游投资的环境。

在旅游软环境的改善方面，首先，崇左市委、市政府要积极筹备建立旅游开发项目库，召集旅游规划方面专家和旅游投资发展方面专

家科学制定旅游投资规划项目；建立与现代市场发展趋势相一致的旅游投资发展引导措施和机制，通过发挥政府的协调、规划、引导等手段，实现旅游投资资金在区域内旅游项目的合理分配，避免社会投资资金过剩或不足的现象产生。其次，政府要提升其对旅游投资方面的管理能力，培养服务意识，确保重点项目的优先开发和落地实施。再次，加强对区域内旅游开发规划公司、旅游投资公司以及旅游企业的监督管制力度，防止发生部分企业舍弃环境仅仅追求利润的不明智行为发生，积极组织召开与旅游投融资相关的会议，如旅游投融资项目研讨会、旅游交易会、旅游投融资政策研究会等相关会议，注重会议形式的多样化。最后，大力发展智慧旅游，建立旅游投融资信息平台，定期推出与崇左市旅游投融资环境和旅游投融资政策相关的规范化信息，确保来崇左市投资的社会企业家们能够及时、准确、全面地掌握崇左市的项目投融资信息和投资环境，准确估算旅游项目投资的资金数额，进而提高其投资的安全性、合理性、针对性和准确性。

在旅游硬环境的建设方面，崇左市委、市政府要加强对旅游基础设施的投资力度，重点关注旅游交通、旅游信息、旅游环境、旅游消防等方面的建设情况，努力实现崇左市区域内信息全网共享、环境舒适优美、交通便捷可达以及其他相关配套辅助设施完善、方便的旅游发展建设环境。此外，在智慧旅游发展契机的社会大环境下，崇左市委、市政府要不断完善区域内的网络通信设施，实现全域内移动通信设备、呼叫网络、智能客户端等全面覆盖旅游景区、旅游道路和区域旅游公路，同时，通信畅达高速；加快实现区域内部的广播和电视网络化、数字化的发展；强化景区内部地理导视系统的建设，促进域内道路指示、监管系统的建设和发展；大力推进政府网络工程的建设，面向全网公开办公；加强推进旅游集散中心、旅游咨询的实体化，网络化办公平台的建设，为广大国内外的旅游者提供准确、可靠的信息；同时，加快促进区域内旅游企业的网络化办公建设工程，积极辅助其建设电子商务办公平台，实现区域内企业向旅游者以及旅游相关企业提供预定、预售、结算等的商务交易活动；最后，加强崇左市公共卫生体系建设，加强区域内部环境卫生整治力度和污染处理水平，加强对餐饮企业的管理力度，确保食品用品安全，避免国内外旅游者在崇左市发生疑似食物中毒、接触疾病携带者、疾病传染等危害旅游者安全的事件的发生。

6.5.3.3 加大产业的招商引资力度

相对而言，旅游产业投资初期投入大、资本回收周期长、投资回报率低，曾经有一个知名旅游企业的执行总裁戏称旅游产业是典型的“三无”产业：“投入无底洞、回本无期限、回报无希望”，对一些企业和个人吸引力不大。在这个意义上来讲，旅游投资市场存在一定的“市场失灵”，政府必须积极介入，运用市场机制予以矫正。因此，崇左市委、市政府要加大旅游产业的招商引资力度，出台一些优惠政策，尤其是对旅游相关基础设施提供具有吸引力的优惠政策。比如，土地使用价格优惠、税收减免、地方财政税收返还、立项审批、政府贷款贴息等。招商优惠政策要注重投资者行业水平和企业实力，应该实现差别优惠，如要特别注重引入泰国、我国港澳台地区等旅游产业发达地区的资本及企业。

6.5.3.4 创新机制，扩大旅游企业融资渠道

近年来，旅游产业市场竞争加剧，旅游投资项目呈现大型化趋势，一个项目花费数亿甚至数十亿的情况比比皆是，旅游产业也逐渐成为一个资本密集型产业，资金是否充足直接影响旅游产业发展。

第一，政府协同企业共同建立与银行良好的合作关系，大型项目的开发必定离不开银行的深度参与，政府不仅要搭桥牵线，更要积极利用财税贴息、特许经营权等手段，积极为旅游产业大型项目扩大融资渠道。第二，借鉴美国、日本等发达国家产业投资经验，结合崇左

市的实际情况，对银行信贷、私募资本、信托融资、政策支持性融资、租赁融资、产权融资等产业融资途径进行深入可行性研究、分析，并力争实现在崇左市旅游产业落地、开花、结果。第三，创新机制，利用全产业链融资、应收账款融资等银行信贷新理念、新产品，利用国家、自治区相关小微企业信贷政策，积极支持中小旅游企业集群、乡村旅游等中小项目融资。第四，随着新三板市场的推出、上市公司注册制即将推行，旅游企业上市融资的门槛降低，崇左市旅游部门应积极同崇左市金融部门一起引导崇左市优质旅游企业，从现在开始，对企业管理及财务、法律事务等按照上市公司的模式进行规范，并出台相应激励措施鼓励旅游企业上市融资，做大做强。

7 结 语

在崇左市旅游产业即将步入发展快车道的背景下，对其旅游产业发展的研究具有重大理论与现实意义。同时，通过对崇左市旅游产业发展的系统性研究，并提出相应的对策建议，为全国其他城市发展旅游产业提供实践指导及理论参考。

从发展历程来看，自 2003 年崇左市建立以来，旅游产业取得了长足的发展，旅游产业规模迅速增长，其在崇左市经济地位较高，且呈现逐年递增趋势，成为崇左市五大支柱产业之一。本书认为，政府的大力扶持、外在的智力支持、坚持以地方特色为基础是崇左市旅游产业快速发展的重要经验。

通过对其他旅游产业发展较好城市的案例分析，得出以下宝贵经验：融入大区域旅游策略是偏远城市旅游产业发展的重要突破口；主打生态环境牌是边关城市、三四线城市旅游产业发展的重要手段；采取差异化发展策略是区域旅游融合与竞争的重要途径；深度发掘地方特色文化是区域旅游产业发展的重要根基；吸引知名影视剧与综艺节目前来取景是旅游地宣传营销的重要催化剂。

崇左市旅游产业发展背景和旅游资源具有显著的自身特色，本书首先从自然、经济、社会文化、交通、政策五个方面对其发展背景进行解读，研究发现：崇左市自然环境优越，气候宜人，光照充足，空气优良，植被覆盖率高，地形蜿蜒起伏，形态多变；经济总量和人均收入相对较低，但增速较快，产业结构不断优化，经济实力在不断增强；崇左市是少数民族集聚区，其中以壮族文化为主，同时还有左江花山岩画文化、大石铲文化、恐龙文化、崖棺葬文化、土司文化、战争文化等；崇左市交通通畅，但由于区位偏远，总体可达性较低；作为未来支柱性产业，崇左市委、市政府十分重视旅游产业发展，相关政策纷纷出台。在此基础上，本书对崇左市旅游资源从资源数量、类型和等级三个方面进行了综合评价，认为崇左市旅游资源数量众多，类型丰富，等级较高，文化、生态特色鲜明。

本书对崇左市旅游产业发展态势进行了分析，认为崇左市旅游产业发展主要有四大优势，包括政策优势、生态环境优势、入境旅游优势以及旅游资源优势；四个方面的劣势，分别为区位劣势、经济劣势、基础设施劣势、旅游经营劣势；四个重要机遇，包括政策机遇、市场需求转变机遇、旅游产品机遇以及区域地位机遇；三个方面的威胁，分别为旅游资源雷同威胁、周边城市竞争威胁以及边境旅游稳定性威胁。

基于以上分析，本书从宏观层面制定了崇左市旅游业发展的“五大战略”：旅游产业跨越式发展战略、世界文化遗产引领化战略、旅游产业差异化发展战略、旅游资源一体化战略、区域旅游产业融入化战略。进而提出战术上的“五大对策”：第一，发挥政府在旅游产业发展中的引导作用，如建立“大旅游”支持保障系统；加强法制保障，营造良好“依法治旅”发展环境；科学规划旅游资源，实施集群式、异质化开发；强化区域协调职能，实现跨区域、跨国际旅游合作。第二，优化旅游资源要素，如优化旅游服务设施的资源要素配置；强化交通、医疗等基础设施；强化旅游导视系统建设；营造良好的边境旅游购物环境；与各大旅行社合作共赢。第三，基于客户价值的营销策略，如建设特色化旅游品牌形象；制定多级市场定位目标；实现精品化旅游产品策略；开拓“旅游＋互联网”的网络营销形式；协调各种宣传、营销方式和手段。第四，加强旅游“软实力”建设，如加强文化创意产业与旅游产业的融合；精心雕琢景区文字、标识等旅游产品内容；精心构建崇左市旅游产业的城市意象；突显旅游资源地方性，提升旅游者自然、历史、文化依恋；高标准提升旅游产品和服务质量；抓好停车场、厕所、高峰期服务质量等“魔鬼细节”；加强旅游产业发展的智力投入；加强旅游市场的研究能力建设。第五，建立旅游企业市场化经营机制，如以市场机制推进崇左市旅游产业发展；以财税竞争性扶持提升旅游公共品供给效率；构建多元化旅游投融资体系。

参考文献

[1] Agarwal S.. Restructuring seaside tourism: The resort life cycle [J]. *Annals of Tourism Research*, 2002, 29 (1).

[2] Andereck K. L., Valentine K. M., Knopf R. C., et al.. Residents' perceptions of community tourism impacts [J]. *Annals of Tourism Research*, 2005, 32 (4).

[3] Andereck K. L., Vogt C. A.. The relationship between residents' attitudes toward tourism and tourism development options [J]. *Journal of Travel Research*, 2000, 39 (1).

[4] Anderson E. W., Sullivan M. W.. The antecedents and consequences of customer satisfaction for firms [J]. *Marketing Science*, 1993, 12 (2).

[5] AP J.. Residents' perceptions on tourism impacts [J]. *Annals of Tourism Research*, 1992, 19 (4).

[6] AP J., Crompton J. L.. Developing and testing a tourism impact scale [J]. *Journal of Travel Research*, 1998, 37 (2).

[7] Besculides A., Lee M. E., McCormick P. J.. Residents' perceptions of the cultural benefits of tourism [J]. *Annals of Tourism Research*, 2002, 29 (2).

[8] Boniface B. G., Cooper C.. *Worldwide destinations casebook: the geographical travel and tourism* [M]. Oxford: Elsevier Butterworth – Heine-

mann, 2005.

[9] Briassoulis H.. *Tourism and environment: planning issues and approaches* [M]. Istanbul: Yildiz University Press, 1991.

[10] Buckley R.. Tools and indicators for managing tourism in parks [J]. *Annals of Tourism Research*, 1998, 25 (4).

[11] Butler R.. The concept of tourism area cycle of evolution: implications for management of resources [J]. *Canadian Geographer*, 1980, 24 (1).

[12] Cohen E.. Introduction: investigation tourist arts [J]. *Annals of Tourism Research*, 1993, 20 (1).

[13] Coshall J.. Spectral analysis of international tourism flows [J]. *Annals of Tourism Research*, 2000, 27 (3).

[14] Crompton J. L.. Motivation for pleasure vacation [J]. *Annals of Tourism Research*, 1979, 6 (4).

[15] CromptonJ. L., McKay S. L.. Motives of visitors attending festival events [J]. *Annals of Tourism Research*, 1997, 24 (2).

[16] 中国入境旅游白皮书：Google 揭秘外国游客眼里的中国 [EB/OL]. 环球网科技, http://tech.huanqiu.com/internet/2013-07/4116454.html.

[17] Gregory D., Johnstion R., Pratt G., et al.. *The dictionary of human geography* (*5th edn*) [M]. Singapore: Wiley-Blackwell, 2009.

[18] Harvey D.. *The limits to Capital* [M]. Oxford: Blackwell, 1982.

[19] Harvey D.. *The Urbanization of Capital* [M]. Oxford: Blackwell, 1985.

[20] Henry B.. The environment impact of tourism in Jamaica [J]. *Tourism Review*, 1988, 43 (2).

[21] Hewison R.. *The heritage industry: Britain in a climate of decline* [M]. London: Methuem, 1987.

[22] Huia T. K., Wan D., Hoa A.. Tourists' satisfaction, recommendation and revisiting Singapore [J]. *Tourism Management*, 2007, 28 (4).

[23] Hunter C., Green H.. *Tourism and the environment: a sustainable relationship?* [M]. London & New York: Routledge, 1995.

[24] Jansen - Verbeke M. C., Lievois E.. Analysing heritage resources for urban tourism in European cities [A]. Pearce D. G., Butler R. W.. *Contemporary Issues in Tourism Development* [M]. London: Routledge.

[25] Judd D. R., Fainstein S. S.. *The tourist city new haven* [M]. New Haven: Yale University Press, 1999.

[26] Lefebvre H.. *The Production of Space* [M]. Oxford & Cambridge: Blackwell, 1991.

[27] Li Y., Zhang J., Chen Y.. Image of landscapes in ancient water towns-case study on Zhouzhuang and Tongli of Jiangsu province [J]. *Chinese Geographical Science*, 2006, 16 (4).

[28] Lichfield N.. *Economics in urban conservation* [M]. Cambridge: Cambridge University Press, 1988.

[29] Lin Chin-Tsai, Huang Ya-Ling. Mining tourist imagery to construct destination image position model [J]. *Expert Systems with Applications*, 2009, 36 (2).

[30] Llosa S., Chandon J., Orsingher C.. An empirical study of SERVQUAL's dimensionality [J]. *Service Industries Journal*, 1998, 18 (2).

[31] Murphy P. E.. *Tourism: a community approach* [M]. New York & London: Methuen, 1985, 155 - 176.

［32］ Orbasli A. . *Tourists in historic towns, urban conservation and heritage management* ［M］. New York：Taylor&Francis，2000.

［33］ Ritche J. R. B. ，Crouch G. I. . 旅游目的地竞争管理［M］. 李天元等译. 天津：南开大学出版社，2006.

［34］ Stern P. ，Hall P. V. . Historical limits：narrowing possibilities in Ontario's most historic town［J］. *Canadian Geographer*，2010，54（2）.

［35］ Tosun C. . Limits to community participation in the tourism development process in developing countries［J］. *Tourism Management*，2000，21（6）.

［36］ Tweed C. ，Sutherland M. . Built cultural heritage and sustainable urban development［J］. *Journal of Architectural*，2007，83（1）.

［37］ UNWTO Tourism Highlights 2013 Edition［EB/OL］. 道客巴巴，http：//www. doc88. com/p－3681629907668. html.

［38］ Wall G. ，Wright C. . *Environmental impact of outdoor recreation and tourism*［M］. Monticello：Vance Bibiographies，1978.

［39］ Wang Y. ，Wall G. . Administrative arrangements and displacement compensation in top－down tourism planning：a case from Hainan province，China［J］. *Tourism Management*，2007，28（1）.

［40］ Williams S. . *Tourism geography：a new synthesis*（*2nd edn*）［M］. London & New York：Routledge，2009.

［41］ Yarbrough B. V. ，Yarbrough R. M. . *The world economy：trade and finance*（*7nd edn*）［M］. Singapore：Cengage Learning，2006.

［42］ Valeriu I. F. ，Manuela E. I. . Cultural tourism and sustainable development［J］. *Romanian Journal of Economic Forecasting*，2007，4（1）.

［43］ Christoph Vietze. Cultural effect sonin bound tourism into the USA：agravity approach［J］. *Jena Economic Research Papers*，2008

(37).

[44] 生耕农舍 [EB/OL]. 人民网, http: //politics. people. com. cn/n/2013/1007/c1001 -23114603. html.

[45] 保继刚等. 旅游地理学 [M]. 北京: 高等教育出版社, 1993.

[46] 保继刚. 引力模型在游客预测中的应用 [J]. 中山大学学报(自然科学版), 1992, 31 (4).

[47] 卞显红. 江南水乡古镇旅游业转型动力机制及路径研究 [J]. 城市发展研究, 2010 (7).

[48] 柴彦威, 林涛, 刘志林等. 旅游中心地研究及其规划应用 [J]. 地理科学, 2003 (5).

[49] 陈传康, 伍光和, 李昌文. 综合自然地理学 [M]. 北京: 高等教育出版社, 1993.

[50] 陈金华, 李洪波. 试论自然保护区生态旅游社区参与——以武夷山为例 [J]. 北京第二外国语学院学报, 2005 (1).

[51] 陈晟, 曹昌智. 江南水乡古镇旅游与可持续发展 [J]. 城市发展研究, 2009 (6).

[52] 单霁翔. 留住城市文化的"根"与"魂"——中国文化遗产保护的探索与实践 [M]. 北京: 科学出版社, 2010.

[53] [英] 史蒂文·蒂耶斯德尔, 蒂姆·希思, [土] 塔内尔·厄奇. 城市历史街区的复兴 [M]. 张玫英等译. 北京: 中国建筑工业出版社, 2006.

[54] 丁雨莲, 陆林, 黄亮. 文化休闲旅游符号的思考——以丽江大研古城和徽州古村落为例 [J]. 旅游学刊, 2006 (7).

[55] 杜江. 旅行社经营与管理 [M]. 天津: 南开大学出版社, 2001.

[56] 约翰·尤瑞. 游客凝视 [M]. 杨慧等译. 桂林: 广西师范

大学出版社，2009.

［57］菲利普·科特勒．营销管理（第九版）［M］．北京：清华大学出版社，1997.

［58］冯学钢，包浩生．旅游活动对风景区地被植物—土壤环境影响的初步研究［J］．自然资源学报，1999（1）.

［59］何佳讯．品牌形象策划——透视品牌经营［M］．上海：复旦大学出版社，2000.

［60］高宣扬．布迪厄的社会理论［M］．上海：同济大学出版社，2004.

［61］顾朝林．人文地理学导论［M］．北京：科学出版社，2012.

［62］顾文鹄，韦福安．泛北部湾背景下崇左市旅游业发展对策思考［J］．南宁师范高等专科学校学报，2009（2）.

［63］郭为，黄震方．基于场域理论的文化遗产旅游地多维空间生产研究——以江南水乡周庄古镇为例［J］．旅游学刊，2013（2）.

［64］郭霄星．对崇左旅游经济发展的思考［J］．南宁师范高等专科学校学报，2009（4）.

［65］韩双斌．地方性古镇的乡村旅游开发研究：以宿迁市皂河镇为例［J］．北京农业，2012（36）.

［66］何仲禹，张杰．旅游开发对我国历史文化村镇的影响研究［J］．城市规划，2011（2）.

［67］胡志毅，张兆干．社区参与和旅游业可持续发展［J］．人文地理杂志，2002（2）：38～41.

［68］黄家平，肖大威，贺大东等．历史文化村镇保护规划基础数据指标体系研究［J］．城市规划学刊，2011（6）.

［69］黄金刚．广西崇左市壮族传统饮食文化与旅游开发［J］．昆明大学学报，2006（2）.

［70］黄郁成，陈超，夏继军．旅游开发与乡村社区经济［J］．江

西社会科学，2006（6）.

［71］霍尔．城市和区域规划（原著第四版）［M］．邹德慈，李浩，陈熳莎译．北京：中国建筑工业出版社，2008.

［72］蒋志杰，吴国清，白光润．旅游地意象空间分析——以江南水乡古镇为例［J］．旅游学刊，2004（2）.

［73］库柏，弗莱彻，法伊奥等．旅游学（第三版）［M］．张莉莉，蔡利平等编译．北京：高等教育出版社，2007.

［74］李小建．经济地理学［M］．北京：高等教育出版社，1999.

［75］历史古迹建筑师及技师国际会议．国际古迹保护与修复宪章（威尼斯宪章）［R］．1964.

［76］联合国教科文组织．关于历史地区的保护及其当代作用的建议［R］．1976.

［77］林奇．城市意象［M］．方益萍等译．北京：华夏出版社，2001.

［78］林越英．旅游环境保护概论［M］．北京：旅游教育出版社，2001.

［79］刘丽梅，吕君．中国社区参与旅游发展研究述评［J］．地理科学进展，2010（8）.

［80］刘士林，耿波，李正爱等．中国脐带：大运河城市群叙事［M］．沈阳：辽宁人民出版社，2008.

［81］刘泽华，李海涛，史春云等．短期旅游流时间分布对区域旅游空间结构的响应：以云南省黄金周旅游客流为例［J］．地理学报，2010（12）.

［82］卢春天，石金莲．旅游地居民感知和态度研究现状与展望［J］．旅游学刊，2011（11）.

［83］卢松，陆林，王莉等．古村落旅游客流时间分布特征及其影响因素研究——以世界文化遗产西递、宏村为例［J］．地理科学，2004

(2).

[84] 陆林，朱申莲，刘曼曼．杭州城市旅游品牌的演化机理及优化［J］．地理研究，2013（3）.

[85] 陆林．山岳旅游地旅游者动机行为研究：黄山旅游者实证分析［J］．人文地理，1997（1）.

[86] 路幸福，陆林．乡村旅游发展的居民社区参与影响因素研究［J］．资源开发与市场，2011（11）.

[87] 马勇，赵蕾，宋鸿等．中国乡村旅游发展路径及模式——以成都乡村旅游发展模式为例［J］．经济地理，2007（2）.

[88] 麻新华，陈俊安．崇左市旅游产品深度开发研究［J］．中国市场，2011（2）.

[89] 梅策迎．珠江三角洲传统聚落公共空间体系特征及意义探析：以明清顺德古镇为例［J］．规划师，2008（8）.

[90] 牛亚菲，谢丽波，刘春凤．北京市旅游客流时空分布特征与调控对策［J］．地理研究，2005（2）.

[91]［法］布迪厄，［美］华康德．实践与反思——反思社会学导论［M］．李猛等译．北京：中央编译出版社，2004.

[92] 阮仪三，袁菲．再论江南水乡古镇的保护与合理发展［J］．城市规划学刊，2011（5）.

[93] 邵甬，阿兰·马利诺斯．法国“建筑、城市和景观遗产保护区”的特征与保护方法——兼论对中国历史文化名镇名村保护的借鉴［J］．国际城市规划，2011（5）.

[94] 申葆嘉．国外旅游研究进展（连载之一）［J］．旅游学刊，1996（1）.

[95] 石英．完善我国旅游投资的战略对策研究［J］．生产力研究，2011（9）.

[96] 史密斯．游憩地理学：理论与方法［M］．吴必虎译．北京：

高等教育出版社，1992.

［97］宋峰，祝佳杰，李雁飞．世界遗产“完整性”原则的再思考——基于《实施世界遗产公约的操作指南》中 4 个概念的辨析［J］．中国园林杂志，2009（5）.

［98］汪德根，王金莲，陈田等．乡村居民旅游支持度影响模型及机理——基于不同生命周期阶段的苏州乡村旅游地比较［J］．地理学报，2011（10）.

［99］汪嘉熙．苏州园林风景旅游价值及其环境保护对策研究［J］.环境科学，1986（4）.

［100］汪丽君，舒平，侯薇．冲突、多样性与公众参与——美国建筑历史遗产保护历程研究［J］．建筑学报，2011（5）.

［101］汪侠，吴小根，章锦河等．贫困地区旅游开发居民满意度：差异及其成因——以桂林市的 5 个贫困村落为例［J］．旅游科学，2011（3）.

［102］汪长根，王明国．论吴文化的特征——兼论吴文化与苏州文化的关系［J］．学海，2002（3）.

［103］王欣．旅游空间学说框架探讨［M］．北京：中国财政经济出版社，2011.

［104］王大悟，郑世卿．论古镇旅游开发的五种关系［J］．旅游科学，2010（4）.

［105］王德起．城市化进程中土地增值机制的理论探析［J］．城市发展研究，2010（4）.

［106］王恩涌，赵荣，张小林等．人文地理学［M］．北京：高等教育出版社，2000.

［107］王红，李杰，刘建德．《实施世界遗产公约的操作指南》重点概念解读分析——以黔东南侗族区域建筑生态环境空间研究为例［J］．新建筑，2005（4）.

［108］王林．中外历史文化遗产保护制度比较［J］．城市规划，2000（8）．

［109］王世仁．为保存历史而保护文物：美国的文物保护理念［J］．世界建筑，2001（1）．

［110］魏丽．基于整合视角的旅游市场策略研究：以崇左市为例［J］．特区经济，2014（3）．

［111］吴必虎，俞曦．旅游规划原理［M］．北京：中国旅游出版社，2010．

［112］徐慧．旅游景区经营权转让中土地价格评估思路新构架［J］．价格理论与实践，2008（2）．

［113］许学强，周一星，宁越敏．城市地理学［M］．北京：高等教育出版社，1997．

［114］杨保军．城市公共空间的失落与新生［J］．城市规划学刊，2006（6）．

［115］杨效忠等．古村落社区旅游参与度及影响因素——西递、宏村、南屏比较研究［J］．地理科学，2008（3）．

［116］杨兴柱，陆林．城市旅游地居民感知差异及其影响因素系统分析——以中山市为例［J］．城市问题，2005（2）．

［117］杨兴柱，王群．我国城乡旅游地居民参与旅游规划与发展研究［J］．旅游学刊，2006（4）．

［118］杨振之，陈谨．“形象遮蔽”与“形象叠加”的理论与实证研究［J］．旅游学刊，2003（3）．

［119］R. J. 约翰斯顿．人文地理学词典［M］．柴彦威译．北京：商务印书馆，2005．

［120］张朝枝，郑艳芬．文化遗产保护与利用关系的国际规则演变［J］．旅游学刊，2011（1）．

［121］张德成．中国四极旅游品牌形象探析［J］．学术交流，

2008 (10).

[122] 张冬婷，邱扶东. 国内外古镇旅游研究综述 [J]. 旅游学刊，2011 (3).

[123] 张广瑞. 关于旅游业的21世纪议程 [J]. 旅游学刊，1998 (4).

[124] 张捷，都金康. 观光旅游地客流时间分布特性的比较研究 [J]. 地理科学，1999 (1).

[125] 张松，薛里莹. 日本的历史风致保护立法及对我国的启示 [J]. 城市规划学刊，2010 (6).

[126] 张松. 留下时代的印记守护城市的灵魂——论城市遗产保护再生的前沿问题 [J]. 城市规划学刊，2005 (3).

[127] 章锦河，张捷，梁玥林等. 九寨沟旅游生态足迹与生态补偿分析 [J]. 自然资源学报，2005 (5).

[128] 章锦河，赵勇. 皖南旅游资源空间结构分析 [J]. 地理与地理信息科学，2004 (1).

[129] 章锦河. 城市记忆与杭州旅游国际化 [A]. 李虹，冯翔. 跨越：杭州旅游国际化的探索与实践 [M]. 北京：中国旅游出版社，2013.

[130] 章锦河. 古村落旅游地居民旅游感知分析——以黟县西递为例 [J]. 地理与地理信息科学，2003 (2).

[131] 赵勇，崔建甫. 历史文化村镇保护规划研究 [J]. 城市规划，2004 (8).

[132] 赵勇，张捷，李娜等. 历史文化村镇保护评价体系及方法研究——以中国首批历史文化名镇（村）为例 [J]. 地理科学，2006 (4).

[133] 赵勇，张捷，秦中. 我国历史文化村镇研究进展 [J]. 城市规划学刊，2005 (2).

［134］赵楠．沈阳市旅游产业发展战略研究［M］．北京：北京理工大学出版社，2015.

［135］赵勇．建立历史文化村镇保护制度的思考［J］．城乡建设，2004（7）.

［136］郑群明，钟林生．参与式乡村旅游开发模式探讨［J］．旅游学刊，2004（4）.

［137］郑世卿，王大悟．乌镇旅游发展模式解析［J］．地域研究与开发，2012（5）.

［138］郑向敏，刘静．论旅游业发展中社区参与的三个层次［J］．华侨大学学报（人文社会科学版），2004（4）.

［139］钟惠华．江南水乡历史文化城镇空间解析和连结研究［D］．浙江大学硕士学位论文，2006.

［140］周诚．土地经济学原理［M］．北京：商务印书馆，2007.

［141］周铁军，黄一滔，王雪松．西南地区历史文化村镇保护评价体系研究［J］．城市规划学刊，2011（6）.

［142］朱迪·丽丝．自然资源：分配、经济学与政策［M］．蔡运龙等译．北京：商务印书馆，2002.

［143］朱竑，封丹，韩亚林．中国国际级旅游目的地建设的重新审视——基于国外旅行商视角［J］．旅游学刊，2007（6）.

［144］马洪元．旅游学基础［M］．南京：东南大学出版社，2007.

［145］旅游［EB/OL］．百度百科，http：//baike. baidu. com/view/9103. htm.

［146］朱玉槐，旅游学词典［M］．西安：陕西人民出版社，1989.

［147］冯卫红．旅游产业集群：理论解释与实证研究［M］．北京：经济科学出版社，2011.

［148］尹贻梅，鲁明勇．民族地区旅游业与创意产业耦合发展研究：以张家界为例［J］．旅游学刊，2009（3）．

［149］龚绍方．制约我国文化旅游产业发展的三大因素及对策［J］．郑州大学学报（哲学社会科学版），2008（6）．

［150］方叶林．论贵州夜郎文化旅游开发的制约因素［J］．新西部，2009（6）．

［151］张春霞．少数民族文化旅游可持续发展的主体性制约因素——基于主体间性的视角［J］．新疆财经大学学报，2011（2）．

［152］杨俊博．河南洛阳打造诗都文化旅游的现状及对策［J］．商业时代，2013（33）．

［153］孟繁华．海南省低碳旅游产业发展战略研究［D］．海南大学硕士学位论文，2013．

［154］王来．北京旅游产业发展研究［D］．北京交通大学硕士学位论文，2013．

［155］栗悦．基于融合视角下的桂林市文化旅游产业发展研究［D］．广西师范大学硕士学位论文，2014．

［156］冯卫红，苗长虹．国内外关于旅游产业集群的研究综述［J］．人文地理杂志，2009（1）．

［157］孙晓东，冯学钢．中国邮轮旅游产业：研究现状与展望［J］．旅游学刊，2012（2）．

［158］陈治中．基于湖泊旅游产业链构建的龙水湖与千岛湖对比研究［D］．重庆师范大学硕士学位论文，2013．

［159］石莹，王蕾，朱宇巍，肖寒．国内旅游产业研究文献的分析与综述［J］．大连民族学院学报，2012（4）．

［160］覃妙玲，冷伟，赵品建．崇左市生态旅游气候资源评价及利用初探［J］．气象研究与应用，2013（4）．

［161］黄雪松，李艳兰．广西 2007 年气候特点及其影响评价

[J]. 气象研究与应用，2008（1）.

［162］莫蕤，韦芳，苏春芹等．广西右江河谷 2008 年芒果低温寒害调查分析［J］．气象研究与应用，2009（1）.

后　记

2014年底，我们课题组接了广西崇左市委宣传部、市社科联公开招标“2014年崇左市经济社会发展课题”的任务。在着手做“崇左市旅游产业发展研究”的课题时，我们发现国内关于大城市旅游产业的研究已经相当丰富，但关于我国县级市、地级市发展旅游产业的研究甚少。而从广西崇左市的经济社会、旅游资源等情况来看，发展旅游产业时与众多的三四线城市一样存在很多共性的问题，于是，我们将研究视野扩展到地方旅游产业发展。

按照崇左市社科联的要求：不必拘泥于过深的理论，要注重研究的实用性，对策、建议要具有较强的针对性和可操作性。所以，本书的理论部分内容相对来说偏少，似乎也显得略为单薄。但在“力求为崇左市旅游贡献一两条可操作性的建议”上下了一些功夫。当然，这并不能掩盖作者在旅游产业研究方面能力的孱弱与平时积累的不足。首先，从专业背景来说，我们都不是旅游专业出身或从事旅游工作的，实乃“勉为其难”，更有不少所谓的建言献策想必是班门弄斧。其次，走出校园，置身于繁杂的政务工作后，方知堆砌一部“大块头”的不易。

为此，笔者反复审视本书的价值，虽然存在诸多缺陷与遗憾，但最终仍决定结集成书。因为我们认为，本书至少有如下三个方面的亮点。

一是整个研究立足于县级市、地级市（三四线城市）的实际，提出了务实的可操作性建议。

北上广等大城市及杭州西湖、西安兵马俑等国际性、全国性著名旅游目的地，其经济社会发展水平、旅游产业发达程度远非众多三四线城市能够比拟的，在某种程度上说，其旅游产业发展的经验具有不可模仿性，难以复制。为此，我们的研究结合崇左市的实际情况，量体裁衣地提出了相关建议。例如，在强化区内小交通方面，提出了“不仅仅在可通达性上面做文章，而且还要成为旅游活动的载体或吸引物”，建议加强沿途风情故事的发掘、车览景点的开发、将交通方式创新成为旅游活动的一部分等，这些建议几乎每个县市都可以做到；在完善旅游产业基础设施、公共服务等方面，则建议纳入民生、经济社会发展的整体投入中，统筹联动发展；在战略选择上，建议地方旅游产业选择旅游产业跨越式发展战略、世界文化遗产引领化战略、旅游产业差异化发展战略、旅游资源一体化战略、区域旅游产业融入化战略。

华为任正非有一句名言：“大建议只鼓励，小建议重奖励。”我们的初衷在于，使旅游产业中的政府职能部门的工作人员、投资经营者、相关产业的从业人员等读者，能从书中得到细微的启发，进而付诸实践，这或许比一些高大上的理想化研究更有价值。

二是浓墨重彩地提出了加大旅游产业“软实力”建设的一些具体举措。

笔者的恩师——金明伟教授曾为我们讲授“企业软实力”课程，至今仍记忆犹新。他说，不同时代的核心竞争力由不同的关键因素决定，前农业文明时代是猎物；农业文明时代是土地；工业文明时代是土地、资源、资本、技术、制度；而当今知识经济时代的核心竞争力就是软实力。毫不夸张地说，旅游作为服务性行业之一，最为重要的就是为客户提供优质的服务，基于此，甚至可以说“软实力”将决定一个地区旅游产业发展的“天花板”。我们结合地方旅游产业的实际情况提出了“软实力”建设的一些具体建议。

在加强文化创意产业与旅游产业融合方面，我们着重提出了整合现有的文化创意资源，如新闻宣传部门（宣传部、电视、广播、报刊）、文化部门、文联等协会，鼓励这些部门、协会“走出崇左、走向全国”，尤其是要注重“创意转向”，将“创意重点”聚焦于地方旅游产业；广结文艺良缘，促进作家、画家、摄影家等文化创意产业人才的聚集。

鉴于地方城市财政能力薄弱，要将大量的钱投入旅游产业的基础设施，显然是不现实的。所以，我们的对策、建议都侧重“软实力”建设。例如，在优化旅游资源要素方面，我们提出了要注重“提升旅游者综合体验价值”，在标准化、细微化服务的基础上着力提供个性化服务。在景区文字、图片标识、导游素质、景点解说词等方面，我们建议参考纪录片《舌尖上的中国》，将浓郁的人文情怀、家国情怀和乡土情节用文字、影像刻入一些名不见经传的地方特色小吃中。我们期待地方政府景区投资者、经营者在发展旅游产业时，通过文字、影像来呈现出一道道秀色可餐的“景区大餐”。

近年来，客户体验价值的理念备受服务业的追捧。在旅游等服务行业，很多时候客户的良好体验并不是源于惊喜，而是没有负面感受。我们提出，地方政府旅游部门、行业协会不仅要抓旅游产业的大项目、大工程，更要主力抓好“厕所革命”，服务人员的微笑等细微小事，高峰期服务质量等“魔鬼细节”，这些实则是影响旅游者体验价值的关键点。

三是旗帜鲜明地提出了必须以旅游企业为主体，通过市场竞争机制激活旅游产业的内在活力。

凯恩斯在《货币论》中指出，“是企业建立和提高了这个世界的财富……如果企业在运行，无论是否节俭，财富都在聚集；如果企业停滞了，无论如何节俭，财富都会衰败”。我们提出政府所有扶持和鼓励旅游产业发展的行为，都要为旅游企业的发展壮大提供竞争性激励。政府行为要以建立市场竞争机制为目标，既不能出现履责的“缺位”，也不能出现夺利的“越位”，也就是说，政府既要弥补旅游产业市场机制运行的“失灵”，又不能对市场利益进行“挤占”，只有良性发展的旅游企业才能支撑崇左市旅游产业持续、健康地发展。

政府推动一个产业持续、健康地发展，必须要通过市场竞争机制来提升产业的竞争力。例如，基于成本—收益、成本—效益等约束，地方政府可以通过创新将一次性大投入的财政资金转变为多次的“政府购买服务”等方式，从而扩大市场容量，促进旅游企业的发展壮大。

由于笔者水平和能力所限，书中难免存在缺点和不足，加之时间仓促，内容难免粗浅，旨在抛砖引玉，恳请各位专家和行业人士批评指正。

盘和林

2015 年 12 月于广西崇左市

图书在版编目（CIP）数据

地方旅游产业发展研究：以广西崇左市为例/盘和林等著．—广州：暨南大学出版社，2016.1

ISBN 978－7－5668－1738－9

Ⅰ.①地…　Ⅱ.①盘…　Ⅲ.①地方旅游业—旅游业发展—研究—崇左市　Ⅳ.①F592.767.3

中国版本图书馆 CIP 数据核字（2016）第 008000 号

出版发行：暨南大学出版社

地　址：中国广州暨南大学
电　话：总编室（8620）85221601
营销部（8620）85225284　85228291　85228292（邮购）
传　真：（8620）85221583（办公室）　85223774（营销部）
邮　编：510630
网　址：http：//www.jnupress.com　http：//press.jnu.edu.cn

排　版：广州市天河星辰文化发展部照排中心
印　刷：深圳市新联美术印刷有限公司

开　本：787mm×1092mm　1/16
印　张：10
字　数：136 千
版　次：2016 年 1 月第 1 版
印　次：2016 年 1 月第 1 次

定　价：26.00 元